汽车诊断思维技能

汽车发动机控制系统及检修

第 2 版

北京中汽恒泰教育科技有限公司　组编

弋国鹏　魏建平　郑世界　编著

机械工业出版社

《汽车发动机控制系统及检修》按照故障诊断流程对汽油发动机常见的三类故障进行详细的讲解，包括起动机不运转的故障诊断与排除、起动机运转但发动机无法起动的故障诊断与排除以及发动机运行异常的故障诊断与排除。

本书规范了汽车诊断思维，细化了技术细节，引导学生在具体的诊断过程中进一步掌握汽车发动机的结构和控制逻辑，指导学生学会使用各种诊断设备，培养学生将广泛的基础知识和实际车型相结合，更有效地掌握排除汽车故障的技能。

本书可作为高职院校汽车检测与维修专业教材，也可作为汽车维修技能竞赛的指导性教材。

图书在版编目（CIP）数据

汽车发动机控制系统及检修/弋国鹏，魏建平，郑世界编著. —2版.
—北京：机械工业出版社，2019.7（2024.2重印）
ISBN 978-7-111-63210-8

Ⅰ.①汽⋯　Ⅱ.①弋⋯②魏⋯③郑⋯　Ⅲ.①汽车－发动机－控制系统－车辆检修－高等职业教育－教材　Ⅳ.①U472.43

中国版本图书馆CIP数据核字（2019）第143003号

机械工业出版社（北京市百万庄大街22号　邮政编码100037）
策划编辑：李　军　责任编辑：李　军
责任校对：潘　蕊　封面设计：马精明
责任印制：单爱军
北京虎彩文化传播有限公司印刷
2024年2月第2版第7次印刷
184mm×260mm·10印张·243千字
标准书号：ISBN 978-7-111-63210-8
定价：49.90元

电话服务　　　　　　　　网络服务
客服电话：010－88361066　　机　工　官　网：www.cmpbook.com
　　　　　010－88379833　　机　工　官　博：weibo.com/cmp1952
　　　　　010－68326294　　金　　书　　网：www.golden-book.com
封底无防伪标均为盗版　　机工教育服务网：www.cmpedu.com

前　　言

　　为提升历年汽车维修技能竞赛的技术规范和日常教学活动紧密结合的程度，培养学生在汽车故障诊断过程中的诊断思维和规范性操作，培养学生将理论知识和实际维修案例相结合，编写故障诊断和检测技术文件的能力，帮助学生准备汽车维修技能竞赛，在经过大量的试验和实践总结后，我们编写了这本实践性很强的指导性图书，供高职院校及其他院校汽车检测与维修专业学生使用。

　　本书符合国家对技术技能型紧缺人才培养培训工作的要求，注重以就业为导向，以能力为本位，面向市场，面向社会，体现了职业教育的特色，满足了高素质人才培养的需求。

　　本书的编写以"创新职业教育理念、改革教育教学模式、提升学生职业素质、适应经济社会发展"为指导思想，采用职教专家、行业一线企业和出版社相结合的编写模式。在组织编写过程中，认真总结了历年技能竞赛的相关技术文件，通过大量的验证性试验总结原车的结构特点和控制流程，并基于此制订了规范的诊断流程，同时还注意吸收发达国家先进的职教理念和方法，形成以下特色：

　　1）打破传统的教材体例，以具体故障诊断过程为单元确定知识目标和能力目标，使培养过程实现"知行合一"。

　　2）以工作过程为导向，细化作业过程，规范思维和作业过程，对必要的理论知识进行了详细的解释，真正将技能竞赛的要求和日常教学活动有机结合。

　　3）内容选择注重汽车后市场职业岗位对人才的知识、能力要求，力求与相应的职业资格标准衔接，并较多地反映了新知识、新技术、新工艺、新方法和新材料等内容。

　　本书由北京中汽恒泰教育科技有限公司组织编写，刘超、柳琪、宋宗奇参与了资料收集、数据采集、文稿整理及其他相关工作，在此对他们表示衷心的感谢。

　　由于经验有限，书中诊断流程、测试数据等可能存在疏漏，请使用本书的师生提出宝贵意见，以便在今后进行补充和改进。

编　者

目 录

前 言

任务1 起动机不运转的故障诊断与排除 ………………………………… 1

1.1 起动机控制原理 …………………… 12

1.2 起动机电磁开关控制信号线路故障的诊断与排除 …………… 14

1.3 继电器 J906 常见故障的诊断与排除 …………………………… 17

1.4 J623 单元常电源线路常见故障的诊断与排除 ………………… 21

1.5 J623 单元通信线路常见故障的诊断与排除 …………………… 25

1.6 J285 单元电源线路常见故障的诊断与排除 …………………… 26

1.7 起动许可信号线路常见故障的诊断与排除 …………………… 29

1.8 J623 单元 15#信号线路常见故障的诊断与排除 ……………… 31

1.9 J965 单元 15#、S#信号线路常见故障的诊断与排除 ………… 32

1.10 室内天线线路常见故障的诊断与排除 ………………………… 35

1.11 E378 及其线路常见故障的诊断与排除 ……………………… 38

1.12 J965 电源电路常见故障的诊断与排除 ……………………… 40

任务2 起动机运转但发动机无法起动的故障诊断与排除 ………………… 45

2.1 发动机起动控制原理 ……………… 52

2.2 主继电器 J271 常见故障的诊断与排除 ………………………… 54

2.3 部件供电继电器 J757 常见故障的诊断与排除 ………………… 58

2.4 曲轴、凸轮轴位置传感器常见故障的诊断与排除 …………… 63

2.5 燃油泵控制单元 J538 常见故障的诊断与排除 ………………… 66

任务3 发动机运行异常的故障诊断与排除 …………………………………… 72

3.1 发动机运行控制原理 ……………… 79

3.2 加速踏板位置传感器常见故障的诊断与排除 …………………… 103

3.3 节气门体常见故障的诊断与排除 …………………………… 106

3.4 燃油压力传感器常见故障的诊断与排除 ……………………… 112

3.5 燃油压力调节阀常见故障的诊断与排除 ……………………… 115

3.6 喷油器常见故障的诊断与排除 …………………………… 119

3.7 点火线圈常见故障的诊断与排除 …………………………… 123

附录 A 汽车总线系统及检修 ………… 128

   A1 汽车总线系统的结构与工作原理 ……………………… 128

   A2 CAN 总线常见故障的诊断与排除 ……………………… 142

   A3 如何书写诊断报告 ………… 150

任务1
起动机不运转的故障诊断与排除

一、任务描述

某车辆,起动发动机时起动机不运转,发动机无法起动。请在规定的时间内对车辆进行维修,并填写诊断报告。

二、任务分析

要想完成该故障的诊断与排除,需要具备下列知识和技能:

1. 相关知识
1)发动机起动系统的结构与原理。
2)发动机起动系统的检测与诊断。
3)驻车防盗控制系统的结构与原理。
4)驻车防盗控制系统的检测与诊断。
5)发动机控制原理线路图。
6)数据通信系统原理线路图。

2. 相关技能
1)万用表、示波器、故障诊断仪等常见设备的使用。
2)维修资料的查阅、线路原理图的识读和分析。
3)常见故障的诊断与排除。
4)5S 管理和操作。

三、故障分析

1. 初步分析

基于起动机的控制原理(图 1-1 所示为起动控制线路原理图)和故障树的诊断逻辑,当出现起动发动机时起动机不运转的故障时,故障原因一般应从起动机控制、起动机电源和起动机本身进行诊断。

(1)用正确的方法检测 +B,确保 +B 符合要求

1)将前照灯打开 3min,以去除蓄电池的浮电,获得真实的测试结果。如果蓄电池存放一段时间,这些浮电就会自动消失。

2)用汽车专用万用表测试蓄电池正负极接线柱之间的电压。

注意:测试时需要用正确的方法校验万用表,并正确连接万用表的正负表笔。

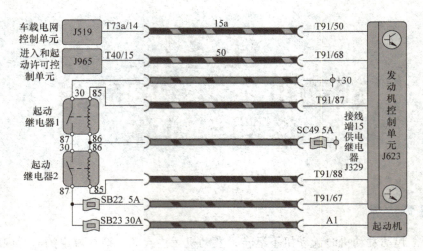

图 1-1 起动控制线路原理图

3) 根据表 1-1 判断蓄电池静态技术状态。

注意：这些参数是在 10℃时的技术参数。随着温度下降，蓄电池的电压会稍微下降。

表 1-1 蓄电池静态技术参数

电压/V	12.60	12.40	12.20	12.00	11.80
电容量	100%	75%	50%	25%	0%

（2）在打开点火开关和起动发动机的过程中，观察或感受与起动相关的信息

包括转向盘是否正常解锁（适用于只有打开点火开关转向盘方能解锁的车型），仪表显示是否正常点亮，发动机控制单元 EPC 灯是否点亮。图 1-2 所示为组合仪表 ON 档时正常显示状态图。

图 1-2 组合仪表 ON 档时正常显示状态图

1) 如果仪表不能正常点亮，结合系统工作原理（图 1-3 所示为组合仪表电源及通信线路原理图）判断，故障可能原因有：

① 仪表供电或本身异常。
② 至仪表数据通信线路故障。
③ 车载电网控制单元 J519 供电、通信线路以及本身异常。
④ 进入及起动系统接口 J965 供电、通信线路以及本身异常。
⑤ 点火开关及其线路故障。

⑥ 车内空间的进入及起动系统天线或其线路故障。

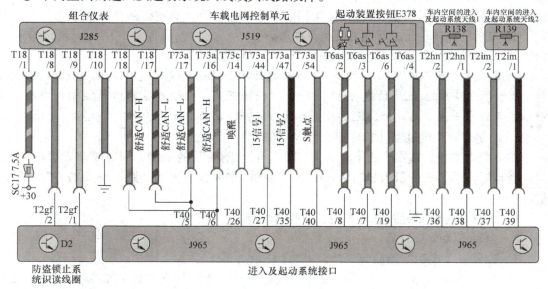

图 1-3 组合仪表电源及通信线路原理图

2）如果仪表上的 EPC 指示灯一直熄灭（别的仪表指示灯正常），说明组合仪表控制单元与发动机控制单元 J623 之间通信异常，也就是组合仪表控制单元没有接收到来自发动机控制单元的信号。图 1-4 所示为组合仪表控制单元与发动机控制单元 J623 之间线路原理图，

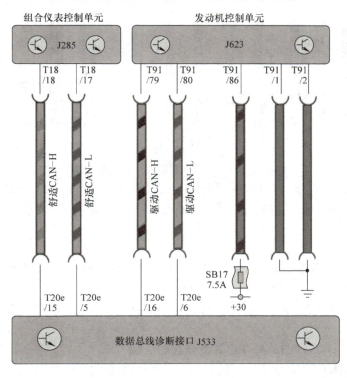

图 1-4 组合仪表控制单元与发动机控制单元 J623 之间线路原理图

从中可以看出，故障原因可能为：

① 组合仪表控制单元与发动机控制单元 J623 之间 CAN 总线线路存在故障。

② 发动机控制单元或其电源线路存在故障。

③ 发动机控制单元没有接收到来自 J519 的 15#信号。

注意：点火开关只有一个档位，其对于起动指令的识别是通过点火开关（J519 给 J623 的 15#信号、J965 给 J623 的起动许可信号）、制动开关、档位开关的信号综合判断的结果，所以除了检查点火开关以外，还要检查制动踏板和档位两个信号。

（3）起动发动机过程（按住点火开关）中

踩下制动踏板，观察仪表上是否有"踩下制动踏板"的提示，同时观察车后部的制动灯是否点亮。图 1-5 所示为制动信号线路原理图，如果仪表提示"踩下制动踏板"，故障可能在于：

1）发动机控制单元到制动开关之间线路故障。

2）制动开关自身故障。

3）制动开关电源线路故障。

注意：本步骤是在上一步的基础上进行的诊断，由于仪表上的 EPC 指示灯正常点亮，说明发动机控制单元与组合仪表控制单元之间通信正常。

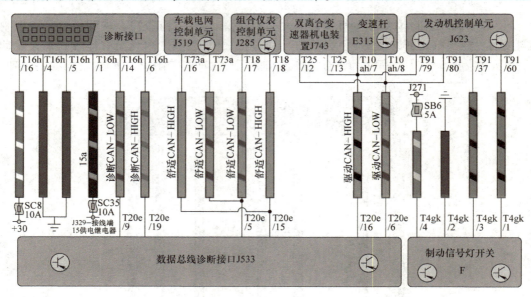

图 1-5　制动信号线路原理图

（4）检查变速杆是否位于 P 位或 N 位，并观察仪表上档位显示和实际变速杆位置是否统一

图 1-6 所示为变速杆信号传递线路原理图，从中可以看出，造成仪表上档位显示错误的原因有：

1）变速杆控制单元 E313 自身或其电源线路故障。

2）变速杆控制单元 E313 与 J533 之间的驱动 CAN 总线存在故障。

注意：本步骤是在上一步的基础上进行的诊断，由于仪表上的 EPC 指示灯正常点亮，说明 J533 与组合仪表控制单元之间通信正常。

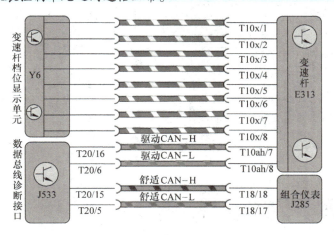

图 1-6 变速杆信号传递线路原理图

如果某一项出现异常，应结合其结构和工作原理检查相关信号、部件电源、熔丝、线路以及部件本身。

2. DTC 分析

现在汽车一般都具有自诊断功能，即使通过故障现象可以明确故障范围，但最好首先读取故障记忆，因为这有利于检查之前的分析是否正确，还可以帮着缩小故障范围。

系统控制单元会实时监测特定的电压信号，如果受监测的元器件、数据通信以及线路的电压信号出现波动或异常，在设定时间内控制单元将确认此元器件、数据通信以及线路是否出现故障，随即在 ROM 中调取一个与电压以及异常信号相对应的代码，存储于控制单元 RAM 中，这就是故障代码，即 DTC。

如果有故障代码，应清楚故障代码的定义和生成条件，验证故障代码的真实性，并基于此展开诊断和故障检修；如果没有故障代码，则基于系统的结构和工作原理对系统进行诊断。

连接故障诊断仪器，扫描网关列表，读取故障代码，实测过程中会遇到 3 种情况：

1）诊断仪器可以和发动机控制单元 J623 正常通信，但系统没有故障记忆，在这种情况下只能根据故障现象按照无故障代码的诊断方法进行诊断。

2）诊断仪器可以和发动机控制单元 J623 正常通信，并可以读取到系统中所存储的故障代码，此时应结合故障代码信息进行维修。

3）诊断仪器不能和发动机控制单元 J623 正常通信。图 1-7 所示为诊断通信线路原理图。从中可以看出，诊断仪器通过连接线（或无线或蓝牙通信）、OBD-Ⅱ诊断接口、CAN 总线与发动机控制单元或其他控制单元进行通信。

如果诊断仪器无法进入车辆所有系统，则可能是故障诊断仪、诊断连接线、无线或蓝牙通信、OBD-Ⅱ诊断接口、CAN 总线中的一个或多个系统出现故障；如果只是某个控制单元无法进入，则可能是该控制单元或其电源线路、相邻的 CAN 总线区间出现故障。

如果只是发动机控制单元无法进入，而能进入其他系统，则可能的故障原因是：

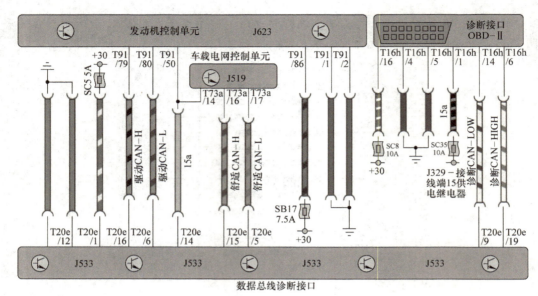

图1-7 诊断通信线路原理图

1)发动机控制单元电源线路故障。

结合发动机电源供给线路（图1-8所示为发动机控制单元电源线路图），可以看出发动机控制单元电源主要由记忆（30#）电源、主电源和15#信号电源三条线路供给：

① 记忆（30#）电源。记忆（30#）电源由熔丝SB17（7.5A）提供，如果该线路出现故障，将导致发动机控制单元内部RAM存储的信息消失，如：故障代码、节气门的匹配参数、发动机和变速器的匹配参数等，造成发动机运行出现异常；同时还会导致起动机不能运转等。具体测量过程按本案例中"实施维修"提供的发动机控制单元记忆（30#）电源检测步骤进行。

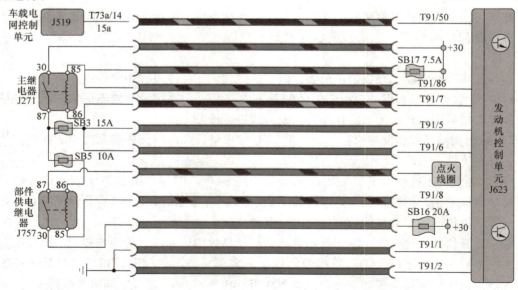

图1-8 发动机控制单元电源线路图

② 15#信号电源。通过车载电网控制单元 J519 端子 T73a/14 提供点火开关电源，如果出现故障，将导致发动机控制单元无法被点火开关激活，动力总线系统会长时间进入休眠状态。具体测量过程按本案例中"实施维修"提供的发动机控制单元点火开关电源检测步骤进行。

③ 主电源。主电源通过蓄电池正极到主继电器 J271 触点，再经过 SB3 15A 熔丝来提供。如果出现异常将造成发动机控制单元电源功率丧失，无法执行内部设定的传感器信号分析、执行器功能控制等操作。具体测量过程按本案例中"实施维修"提供的发动机控制单元主电源检测步骤进行维修。

2）CAN 总线系统局部故障。

CAN 总线系统局部故障，会导致发动机控制单元无法正常通信，此时利用故障诊断仪读取 CAN 总线系统故障，故障诊断仪会显示"发动机无法进入"的故障。

3）发动机控制单元自身故障。

在确定元件或线路都正常的情况下，只能通过更换匹配过后的发动机控制单元进行实验。利用故障代码进行故障诊断时按以下步骤进行：

① 读取故障代码，查阅资料了解故障代码的定义和生成条件。

② 验证故障代码的真实性，验证的方法也分两步。

a. 清除故障代码，模仿故障车辆运行工况，再次读取故障代码。

b. 通过数据流或在线测量值来判定故障代码的真实性，并由此展开系统测量。

注意：要充分理解故障代码的生成逻辑和原车设计者思维可能存在的偏见性，要充分认识到故障未必就在故障代码指定的元器件上，也可能存在与逻辑判断中的另外一个参照上。

3. 无码分析

如果没有故障代码显示，那就需要技术人员结合故障现象，分析系统线路图，列举故障可能，并按照正确的流程利用合适的测试设备进行正确的测量，从而发现故障所在。

基于起动机的控制原理，当出现起动发动机时、起动机不运转的故障时，具体故障原因应从起动机控制、起动机电源和起动机本身进行诊断。

由于起动机受控于两个起动继电器，而起动机继电器又受控于发动机控制单元，因此要想起动机能正常工作，除了起动机本身及其电源线路正常以外，还要保证起动机的控制线路工作正常，即发动机控制单元能正常控制两个继电器电磁线圈的接地，从而向起动机发出正常的控制信号。而要想让发动机控制单元能发出正常的继电器控制信号，除了具备单元工作所需要的电源以外，还需要发动机控制单元能接收到起动信号指令，这些指令包括来自 J965 的起动许可信号、来自 J285 的防盗接触信号，否则起动机都无法工作。因此，对于起动机控制系统无法正常工作的故障，一般重点考虑四大影响因素。

1）围绕起动继电器及其线路可能存在的故障。

2）围绕发动机控制单元及其电源线路可能存在的故障。

3）围绕发动机控制单元是否被激活可能存在的故障。

4）围绕起动条件或发动机控制单元输入信号可能存在的故障。

图 1-9 所示为点火开关线路原理图，当打开点火开关，点火开关信号会输送给 J965，后者瞬间唤醒舒适总线并问询总线系统中的 J285 是否需要 15 电信号，J285 接收到该信号后会回问系统车内是否多了一把合法钥匙，此时 J965 通过室内天线发出低频信号，钥匙接收到

低频信号后，一方面其指示灯会闪烁，另一方面对接收到的信号进行甄别，符合约定则以高频信号发送给 J519，以传送钥匙 ID 信息。J519 或 J285 确定钥匙身份合法后，会执行以下 4 种工作：

1) 传送验证结果给 J764，让转向盘解锁。

2) 激活舒适 CAN 总线，组合仪表点亮，可以正常进行自检，并正确显示故障和系统状态信息。

3) 通过 15#信号激活 J623，以促使 J623 等动力系统控制模块与 J285 彼此进行身份验证，然后经 J271 及 J538 激活油泵运转一定的时间，以再次蓄压。

4) J519 通过提供电源给 J329，驱动 J329 继电器电磁线圈，使继电器工作。

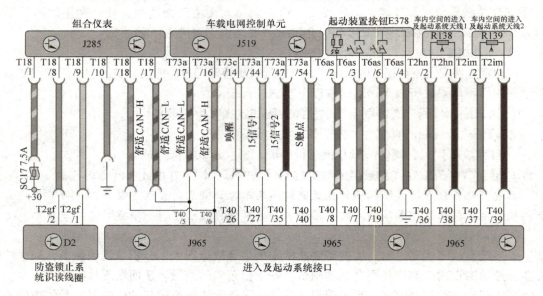

图 1-9 点火开关线路原理图

这样发动机控制单元就可以被激活进入工作准备状态，燃油供给系统也同样进入工作准备状态，等待驾驶人的起动指令然后起动发动机。

图 1-10 所示为制动信号线路原理图，从中可以看出，由于点火开关打开，踩下制动踏板，通过制动灯开关 F→J623（通过动力 CAN）→J533（通过舒适 CAN）→J285 的路径，可以使仪表上的制动灯熄灭；同时，通过 F→J623（通过动力 CAN）→J533（通过舒适 CAN）→J519-制动灯的路径，车辆后部的制动灯会点亮；同时可以在仪表上显示变速杆位置，另外一路从动力 CAN 到变速杆锁机构，变速杆解锁，使变速杆可以切换不同的档位。

结合图 1-11 可以看出，在发动机控制单元接收到起动信号时，会同时给起动继电器 1、起动继电器 2 的控制线圈提供接地信号，使两个继电器同时闭合，这样起动机就会接收到控制信号，同时发动机控制单元可以通过 T91/67 得到有关起动机控制的反馈信号。

如果碰到起动机不运转的故障，读取故障代码后没有发现故障信息或手头没有故障诊断仪，则建议先从起动机的控制信号着手进行测量，以区分故障出在起动机控制系统，还是出

任务1 起动机不运转的故障诊断与排除

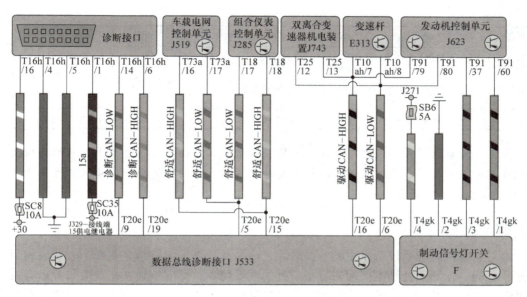

图 1-10 制动信号线路原理图

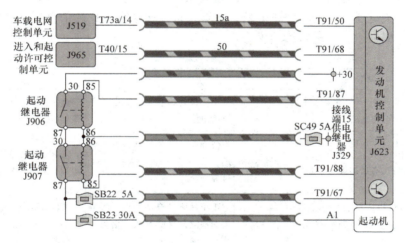

图 1-11 起动控制线路原理图

在起动机及其供电系统,诊断测试具体方法见表1-2。

注意:按照故障树,应该从测量起动机的 A1 端子对地电压开始,但有时为了测量方便,可以从 SB23 熔丝处进行测量,但因为步骤有跳跃,所以需要给予必要的思路说明。

表1-2 诊断测试具体方法

测试标准:在按下起动开关时,测试信号应从0V切换到+B(+B)			
可能性	实测结果	可能原因	操作
1	0V→+B	控制信号正常,起动机及其供电系统可能存在故障	检查起动机供电、接地,正常后考虑更换起动机
2	始终为0V	控制信号异常	检查 SB23 熔丝及其相关线路

(续)

可能性	实测结果	可能原因	操作
\multicolumn{4}{l}{测试标准：在按下起动开关时，测试信号应从 0V 切换到 +B（+B）}			
3	空电压→+B	起动机及其接地线路故障	检查起动机接地线路，正常后考虑更换起动机
4	0V→0V－+B 间的某个值	测试点之前线路虚接	检查 SB23 熔丝及其相关线路

> 注意：空载电压是指万用表在正负表笔没有形成回路的情况下屏幕上显示的电压值，这个和真正的零电压有本质的区别，测试时要特别注意，不同的读数所反映的故障可能完全不同。

四、诊断流程

面对发动机起动系统所发生的各种故障，诊断及处理失误将给企业和个人造成相当大的损失。正确的诊断及处理不可能来自于盲目的主观臆断，而应该建立在获取与故障有关信息的基础上，依据起动系统的工作原理以及控制结构，运用科学的分析方法，按照合理的步骤进行综合分析，去伪存真、舍次取主，排除故障受害者，找出故障肇事者，这才是提高故障诊断准确性的关键所在。为了便于分析，不至于被众多杂乱无章的信息扰乱思路，需要结合线路原理图，根据表 1-3 进行诊断维修。

表 1-3　诊断流程

序号	操作	结果		备注
1	检查 +B 是否符合要求，注意 +B 检查的正确方法	正常转 2	不正常则给蓄电池充电或更换蓄电池	确保蓄电池正负极接头连接牢靠，不脏污
2	打开点火开关，仪表应正常点亮，EPC 灯点亮后熄灭	正常转 3	仪表显示不正常则结合线路图、维修手册排除仪表、EPC 灯异常故障，转 5	先排除仪表显示异常故障，再排除 EPC 灯异常故障
3	踩制动踏板，制动灯应点亮，起动时，仪表没有提示踩制动踏板	正常转 4	不正常则结合线路图、维修手册检测制动灯开关、信号及线路故障，转 5	该车有两个传感器可监测制动踏板动作，两个信号均异常时故障才会出现
4	确认变速杆处于 P 位或 N 位，仪表上档位显示和换档位置应统一，并且显示正常	正常转 5	不正常则结合线路图、维修手册检查变速器档位、仪表显示异常故障，转 5	可以利用故障诊断仪读取变速杆位置信息，从而确定故障所在
5	连接故障诊断仪器，读取故障代码	有故障代码转 6	若故障诊断仪无法建立通信，则转 7 若无故障代码，转 15	—
6	根据故障代码实施诊断、维修		排除相关故障后转 24	
7	检测 OBD-II 诊断接口电源及 CAN-BUS	正常更换诊断设备转 5	执行"OBD-II 诊断接口"诊断，转 8	使用连线或无线模块时，如果故障诊断仪不亮或无线模块不能通信时进行该诊断

(续)

序号	操作	结果		备注
8	检查发动机控制单元主电源	正常转12	测试结果异常时转9	检测前检查插接件、紧固件连接可靠、无锈蚀
9	检查熔丝 SB3 及相关线路	正常则检修相关线路转13	测试结果异常时转10	
10	检查主继电器 J271 及相关线路		如果 J271 的 85#电压异常，转 11 如果 J271 的 86#电压异常，转 12	
11	检查熔丝 SB17 及相关线路		测试结果异常时更换熔丝或检修线路，转 5	
12	检查发动机控制单元的点火开关电源		测试结果异常时检修相关线路，转 5	
13	结合维修手册和线路图检查测量 CAN 通信系统	正常转14	异常则检修 CAN 总线线路，转 5	
14	更换发动机控制单元	正常转5	异常则转5，重新进行检测	
15	起动机 A1 端子信号测量	正常转24	异常转16	需要按下起动开关时观察端子电压变化
16	检查熔丝 SB23 及相关线路		异常转17	需要按下起动开关时观察端子电压变化
17	检查起动继电器 2 及相关线路		如果 1#端子电压异常，转 18 如果 3#端子电压异常，转 19 如果 2#端子电压异常，转 20	需要按下起动开关时观察端子电压变化
18	检查熔丝 SC49 及相关线路	正常则检修相关线路	异常则转 22	观察由 J329 供电的元器件工作是否正常
19	检查起动继电器 1 及相关线路		如果 2#端子电压异常，转 21	需要按下起动开关时观察端子电压变化
20	检查 J623 的 T91/88 端子信号电压		如果一个端子电压异常则更换 J623，如果两个端子电压均异常则转 23	需要按下起动开关时观察端子电压变化
21	检查 J623 的 T91/87 端子信号电压			需要按下起动开关时观察端子电压变化
22	检查供电继电器 J329 及相关线路		异常则进行相关维修，注意故障现象，如果受 J329 供电的元器件均不工作，则说明系统供电异常，应首先检查 J329 供电	
23	与起动相关的关键信号是否正常输入 J623	正常更换 J623	异常则进行相应维修	包括 D9、制动踏板、空档起动开关信号
24	检查起动机供电和接地	正常转14		注意测量位置、测量方法
25	更换起动机	正常转15	更换后故障未彻底排除，转 5	
26	维修完成			

五、实施维修

1. 根据故障代码提示进行维修

利用解码器读取故障代码，按照本书提供的针对每个故障代码制订的诊断流程进行故障诊断。

2. 线路检测

根据系统的结构原理，对起动继电器1、起动继电器2、起动允许控制单元、发动机控制单元、起动机等线路进行检测，检测方法参照本书的相关内容。

3. 部件检测

根据系统的结构原理，对起动继电器1、起动继电器2、起动允许控制单元、发动机控制单元、起动机等元器件进行检测，检测方法参照本书的相关内容。

六、总结拓展

技术报告：参照高职大赛工作页完成诊断报告，教师应根据需要设置好故障点，也可根据本课件中提供的实际案例制定标准答案。

拓展实训：教师可以在车辆给学生设置相类似的其他故障，让学生独立完成，以考核学生的掌握水平。

1.1 起动机控制原理

起动机运行的首要条件是需先经过内部防盗系统确认当前钥匙是否为已授权，如果验证钥匙为已授权，则将解除防盗并接通15电源，同时发动机控制单元J623将解除点火和燃油限制，图1-12所示为起动过程中的控制原理图。

1. 15#电源控制

图1-13所示为点火开关线路原理图，按下一键起动按钮E378，进入及起动许可控制单元J965开始处理信号，一方面通过单线唤醒J519，另外一方面唤醒舒适CAN总线系统，同时查询防盗锁止系统是否允许接通15电源；系统为确定车内是否有授权钥匙（只有确认车内有合法钥匙，才允许接通15电源），进入及起动许可控制单元J965通过车内天线发送一个查询码（125kHz低频信号）给已匹配的钥匙，授权钥匙识别到该信号后进行编码，指示灯会闪烁并向J519返回一个应答器数据（433MHz高频信号），J519将该数据转发给其内部的防盗锁止系统控制单元，防盗锁止系统控制单元通过比对确认是否为已授权钥匙。如果为授权钥匙，则防盗锁止系统控制单元通过舒适系统CAN总线向电子转向柱锁控制单元J764发送一个解锁命令，以打开电子转向柱（转向盘可以转动）；同时系统通过CAN总线向J965发送消息，J965向J519输出两个15#和一个S信号；J519在接收到信号后，一方面唤醒舒适总线，进而点亮仪表；一方面向J329继电器电磁线圈提供电源，使J329继电器工作，为部分用电设备提供电源；另一方面向网关J533和J623、J743（双离合变速器机械电子单元）等动力系统单元提供15信号，以便唤醒整个动力总线系统，动力总线系统的每个控制单元都会通过总线和J285进行身份信息交换和验证，所有验证均通过后，动力系统就会进入工作状态。

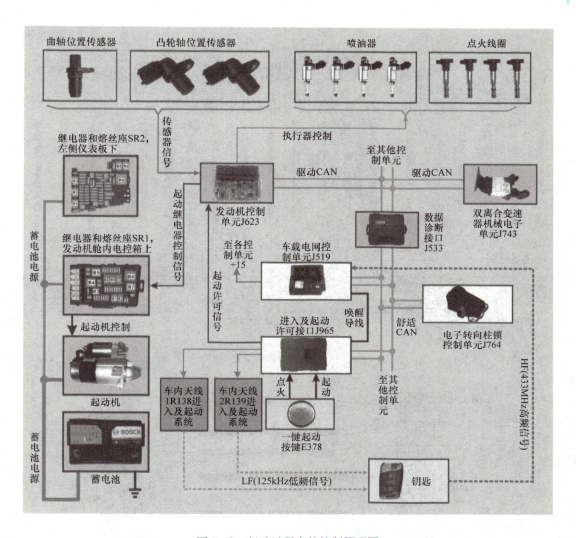

图1-12 起动过程中的控制原理图

2. 起动控制

在成功完成发动机控制单元和仪表控制单元的数据比较后,防盗锁止系统将颁发起动许可指令。

当变速杆处于P位或N位,踩制动踏板,按下一键起动按钮,点火开关信号传输给进入和起动许可控制单元J965,J965将起动允许信号通过T40/15端子传至发动机控制单元J623的T91/68端子,J623则接通起动继电器1(J906)和2(J907)线圈接地回路,线圈工作、触点闭合(图1-14)。电源+30通过起动继电器1(J906)触点进入起动继电器2(J907)触点,再通过SB23(30A)熔丝将电源供给起动机电磁线圈端子,起动机电磁线圈工作,离合器甩出,起动机电磁继电器触点闭合,+B进入起动机转子和定子,起动机运转,带动飞轮旋转进而起动发动机。

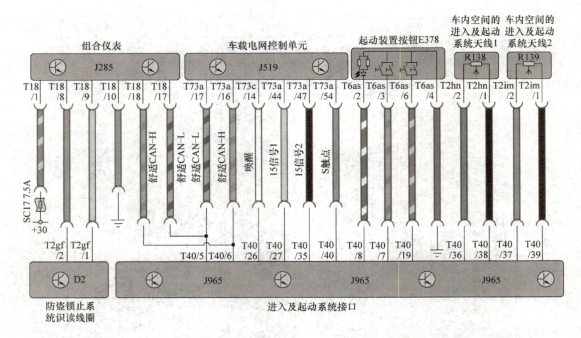

图 1-13 点火开关线路原理图

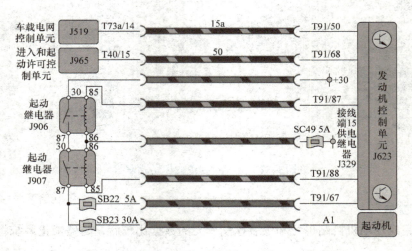

图 1-14 起动控制原理图

1.2 起动机电磁开关控制信号线路故障的诊断与排除

从起动机控制原理图（图 1-15）上可以看出，系统通过 J907 和熔丝 SB23（30A）给起动机供电，起动机自身接地，如果该线路出现故障，将造成起动机不能正常运转。

任务1 起动机不运转的故障诊断与排除

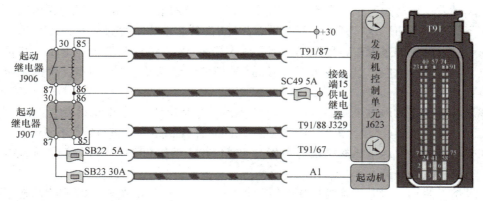

图 1-15 起动机控制原理图

注意：故障区域在 SB23 熔丝与 J907 之间的线路上，可以设置断路、虚接故障，J907 与 SB22 熔丝之间线路没有故障。

故障现象：打开点火开关，仪表显示无异常，起动发动机，起动机不运转，起动机内无触点吸合的声音。

故障分析：

起动机内触点没有吸合，因此应该围绕此进行故障分析，通常有三方面的可能：

1）起动机自身故障。

2）起动机接地线路故障。

3）起动机控制线路故障。

诊断思路：

第一步：读取故障代码。

故障代码为 12372，故障定义为起动机不能转动，机械卡死或线路电气故障，该故障代码是在发动机控制单元接收到正常的反馈信号而发动机没有转动的情况下形成的故障记忆，可能的故障原因有：

1）起动机自身故障。

2）起动机接地及电源（正极）线路故障。

3）继电器 J907 的触点与起动机 TV1 之间的线路故障。

第二步：验证故障代码的真实性。

有两种验证方法：

第一种方法：读 170 起动数据组。

1 区：50 请求正常；2 区：50 反馈正常；3 区：J906 接通；4 区：J907 接通。

根据上述数据可知，J623 已经接收到了 50 请求信号，并且发出了针对 J906 和 J907 的控制信号，反馈信号也正常，说明故障应该出在继电器、起动机及其相关线路上。

第二种方法：测量 J623 的 T91/67 端子、起动机的 A1#对地电压。

在正常情况下，起动机的 A1#、SB23、J907 继电器的 87#是同一电位，测量任何一点对地电压都可以测量起动机的 A1#对地电压。基于测量方便的原则，建议从 SB23 熔丝着手进行测试。

在起动发动机的过程中，用汽车专用万用表测量 J623 的 T91/67 端子的对地电压，在正常情况下该端子电压应从打开点火开关时的 0V 切换到起动状态时的 +B，实测正常。

在起动发动机的过程中，用汽车专用万用表测量 SB23 熔丝两端对地电压，在正常情况下熔丝两端对地电压应从打开点火开关时的 0V 切换到起动状态时的 +B，否则说明系统存在故障。

如果熔丝两端对地电压始终维持为 J623 发出的悬空电压，说明 SB23 熔丝与 J907 的 87#端子之间、SB23 熔丝与起动机及其接地点之间同时存在断路，应进行线路检查。

如果熔丝两端对地电压始终维持为 0V，说明 SB23 熔丝与 J907 的 87#端子之间线路存在断路，应进行线路检查。

如果熔丝两端对地电压均为从 0V 跳跃到部分 +B，SB23 熔丝与 J907 的 87#端子之间线路存在虚接，应进行线路检查。

如果熔丝两端对地电压均为从 0V 跳跃到 +B，说明 SB23 熔丝与起动机之间、起动机自身存在故障，应进一步测量起动机的 A1 端子对地电压。

实测结果为：熔丝两端对地电压均为从监测电压跳跃到 +B。

第三步：测量起动机的 T1V 端子对地电压。

在起动发动机的过程中，用汽车专用万用表测量起动机上的 T1V 端子的对地电压时，一定要测量起动机上的接线端子，而不是线束上的接线端子，可以用跨接线辅助进行测量，也可以用背插或无损探针进行测量。在正常情况下，该端子电压应从打开点火开关时的 0V 切换到起动状态时的 +B，否则都说明系统存在故障。

如果该端子的电压始终维持在 0V，则说明起动机的 A1 端子到 SB23 熔丝之间的线路存在断路故障。

如果该端子电压从打开点火开关时的 0V 切换到起动状态时的 X（界于 0~3V 之间的电压值，该数值与虚接电阻有关），而起动机不运转，则可能是起动机的 T1V 端子到 J907 继电器的 5#之间的线路存在虚接故障。

如果该端子电压正常，而起动机不运转，则故障可能是：

1）起动机自身故障。
2）起动机正极电源线路故障。
3）起动机接地电源线路故障。

实测结果为：该端子电压始终为 0V。

第四步：检查起动机的 A1 端子与 SB23 熔丝之间的线路。

关闭点火开关，拔下 SB23 熔丝，用万用表测量起动机的 A1 端子与 SB23 熔丝之间的线路电阻。实测结果为电阻无穷大，检查后发现 TV1 端子与线束间断开。检修后排除故障，系统恢复正常。

练习题：

选择设置表 1-4 中的某个故障点，让学生诊断故障并填写诊断报告。

表 1-4　起动机电磁开关控制信号异常常见故障

序号	故障性质
1	起动机 50 端子的控制电源线路断路
2	起动机 50 端子的控制电源线路虚接
3	起动机 50 端子供电电源线路对地短路
4	SB23（30A）熔丝断路
5	SB23（30A）熔丝虚接

1.3　继电器 J906 常见故障的诊断与排除

故障现象：打开点火开关，仪表显示无异常。起动发动机，起动机不运转，起动机内无触点吸合的声音。

注意：可以在故障现象描述中增加 J906、J907 是否有响声的内容。打开发动机舱盖，找到发动机舱内电控箱上的 R1 继电器（图 1-16 所示位置），使用手指尖轻轻抓住继电器外壳，一个人在车内起动发动机，另一个人在车外应能感觉到或听到此继电器是否动作。在该案例中，J906 没有声响，而 J907 有声响，这种情况下，可以跨过 J907，直接对 J906 进行测试，当然故障现象的分析也应随之发生变化。

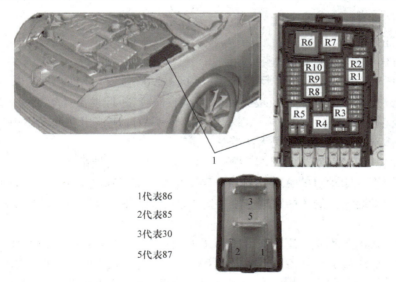

1代表86
2代表85
3代表30
5代表87

图 1-16　继电器 J906 安装位置及针脚定义及分布

故障分析：
起动机内继电器未工作，因此应该围绕继电器进行故障分析，通常有 3 方面的可能：
1）起动机自身故障。
2）起动机接地及电源（正极）线路故障。
3）起动机控制线路故障。
诊断思路：

第一步：读取故障代码。

故障代码：12424——起动机继电器线路电气故障，根据含义可以确定在发动机起动过程中，起动机的 TV1 端子也极可能没有收到起动控制信号，同时 J623 没有接收到正常的起动系统反馈信号；加上起动机确实不转，说明 SB22、SB23 均没有接收到 +B 信号，图 1-17 所示继电器 J906 控制原理图。

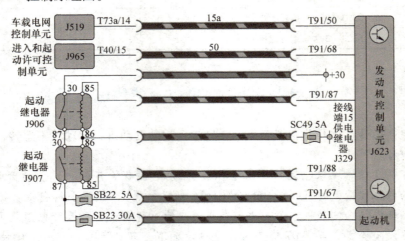

图 1-17　继电器 J906 控制原理图

第二步：验证故障代码的真实性。

有两种验证方法：

第一种方法：读 170 起动数据组。

1 区：50 请求正常；2 区：50 反馈异常；3 区：J906 接通；4 区：J907 接通。

根据上述数据可知，J623 已经接收到 50 请求信号，并且发出针对 J906 和 J907 的控制信号，但 50 反馈信号异常，起动机也没有运转，说明故障应该出在起动继电器 J907 的 87# 端子没有电源输出，但具体在哪里无法确认。

第二种方法：测量 J623 的 T91/67 端子、起动机的 A1# 对地电压。

在正常情况下，起动机的 A1#、SB23、J907 继电器的 87# 是同一电位，测量任何一点对地电压都可以测量起动机的 A1# 对地电压。基于测量方便的原则，建议从 SB23 熔丝着手进行测试。

在起动发动机的过程中，用汽车专用万用表测量 J623 的 T91/67 端子的对地电压，在正常情况下该端子电压应从打开点火开关时的 0V 切换到起动状态时的 +B，实测始终为 0V。

在起动发动机的过程中，用汽车专用万用表测量 SB23 熔丝两端对地电压，在正常情况下该端子电压应从打开点火开关时的 0V 切换到起动状态时的 +B，实测始终为 0V。

实测结果说明 J907 的 87# 没有电压输出或 87# 到两个测试点之间的线路断路。

第三步：测量 J907 继电器的 87# 对地电压。

在起动发动机的过程中，用汽车专用万用表测量 J907 的 87# 的对地电压，在正常情况下该端子电压应从打开点火开关时的 0V 切换到起动状态时的 +B，否则都说明系统存在故障。

如果该端子电压从 0V 跳跃到 +B，说明起动机到 J907 继电器触点上两个测试点之间的线路存在故障。

如果该端子的电压始终维持为0V，说明可能在J907继电器及其相关线路存在故障，具体表现为：

1）J907继电器自身故障。

2）J907继电器电源线路故障。

3）J907继电器控制线路故障。

如果该端子的电压始终维持为空载电压，说明该测试点到SB23熔丝、J623的T91/6端子之间断路，并且J907继电器及其相关线路存在故障。

实测结果为：J907继电器的87#对地电压始终为0V。

第四步：J907继电器供电及控制信号端子电压的测试。

在起动发动机的过程中，用汽车专用万用表测量J907继电器的30#、85#、86#的端子电压。在通常情况下，86#端子的电压应为+B，85#应从打开点火开关时的+B切换到发动机起动后的0V，30#端子的电压应从打开点火开关时的空载电压切换到发动机起动时的+B。

如果86#电压异常，应检查SC49熔丝及相关线路；如果打开点火开关时，85#端子的电压为+B，而起动发动机时切换为0V，此时如果30#电压为+B，结合上步测试结果，说明继电器损坏（很难确定具体故障是线圈还是触点），需进行单件测试；而如果30#电压为空载电压，则说明J907继电器供电异常，可能原因是：

1）继电器J907的30#与继电器J906的87#之间的线路存在故障。

2）J906继电器自身、电源、控制线路故障。

如果85#端子对地电压始终维持在+B，说明J907继电器没有接收到J623的控制信号，可能原因为：

1）J907的85#与J623的T91/88端子之间线路故障。

2）J623自身及电源线路故障。

3）J623未接收到相关工况信息。

如果85#端子对地电压始终检测不到+B，说明继电器控制线圈及其相关线路存在故障，应予以修理。

实测结果为：85#端子电压从打开点火开关时的+B切换到起动时的0V，属于正常；而30#端子电压在起动过程中为0V，属于异常。

第五步：J906继电器电压输出测试。

在起动发动机的过程中，用汽车专用万用表测量J906继电器的87#端子的电压特性，在正常情况下该端子电压应从打开点火开关时的悬空电压切换到起动状态时的+B，否则都说明系统存在故障。

如果该端子的电压始终为悬空电压，说明J906继电器及其相关线路存在故障，具体表现为：

1）J906继电器自身故障。

2）J906继电器电源线路故障。

3）J906继电器控制线路故障。

实测结果为：在发动机起动过程中，该端子电压为0V。

第六步：J906继电器供电及控制信号端子电压的测试。

在起动发动机的过程中，用汽车专用万用表测量 J906 继电器的 86#、85#、30#的端子电压，通常情况下，86#电压应为 +B，85#应从打开点火开关时的 +B 切换到发动机起动后的 0V，30#电压应始终为 +B。

如果 86#电压异常，应检查 86#到结点之间的线路；如果打开点火开关时，85#端子的电压为 +B，而起动发动机时 85#电压切换为 0V，此时如果 30#电压为 +B，结合上步测试结果，说明继电器损坏，但无法确定具体故障部位，需要对继电器进行单件测试。

如果打开点火开关时，85#的电压为 +B，而起动发动机时 85#电压切换为 0V，此时如果 30#电压为空载电压，说明 J906 继电器供电异常，应检查相关线路。

如果打开点火开关时，85#的电压为 +B，而起动发动机时 85#电压还保持不变，说明 J906 继电器没有接收到控制信号，原因可能是：

1）继电器 J906 的 85#与 J623 的 T91/87#之间的线路存在故障。
2）J623 发动机控制单元自身。
3）J623 未接收到相关工况信息。

如果 85#端子对地电压始终检测不到 +B，说明继电器控制线圈及其相关线路存在故障，应予以修理。

实测结果为：86#、85#、30#对地电压均正常，而继电器没有正常输出，说明继电器 J906 损坏，具体损坏部位不好确定，只能通过继电器单件测试进行。

第七步：J906 继电器单件测试。

如果进行 J906 继电器单件测试，要求严格按照以下步骤进行：

1）测量继电器 85#和 86#之间的电阻，正常值为 60～200Ω，测试结果正常。

注意：只有在电阻正常的情况下才能通电测试。

2）85#接蓄电池负极，然后 86#接蓄电池正极，用万用表测量 30#和 87#之间的电阻，应从无穷大切换到导通。

测试结果为电磁线圈电阻过大。更换继电器后，起动发动机时，起动机可以运转，故障排除。

练习题：可以从表 1-5 中选择故障点，要求学生排除故障并完成诊断报告。

表 1-5 起动继电器 J906 的控制线路异常常见故障

序号	故障性质
1	J906 自身故障（电磁线圈）
2	J906 的线圈供电线路断路
3	J906 的线圈供电线路虚接
4	J906 的线圈供电线路对地短路（SC49 熔丝损坏）
5	J906 的线圈控制线路断路
6	J906 的线圈控制线路虚接
7	J906 触点供电线路断路
8	J906 触点供电线路虚接
9	J906 触点无法闭合
10	J906 触点虚接

注意：J907 可设置相同的故障。

1.4　J623 单元常电源线路常见故障的诊断与排除

从发动机控制单元电源线路原理图（图 1-18）中可以看出，发动机控制单元记忆（30#）电源也就是所谓的蓄电池常电，线路直接通过蓄电池正极供电至 SB17 熔丝，再通过熔丝直接给发动机控制单元 T91/86 端子，在点火开关电源断开的时候，系统进入休眠，并将随机存储的数据存储在发动机控制单元的 RAM 中，以防擦除。

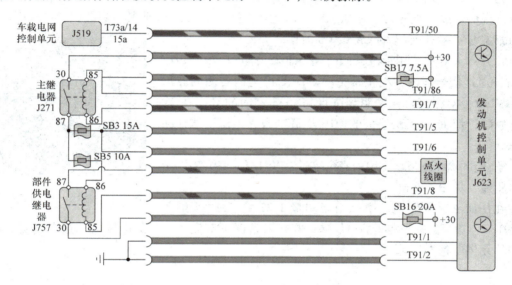

图 1-18　发动机控制单元电源线路图

该电源还通过 SB17 熔丝和 ABS 控制单元、主继电器 J271 线圈共用电源，在此检测时暂时不考虑其他系统以及元器件工作状态，只考虑发动机控制单元记忆（30#）电源的故障。

注意：对于发动机控制单元的端子电压测量，可以默认终端盒是必配工具，并且已经正确安装。

故障现象：打开点火开关，仪表正常点亮，但 EPC 故障指示灯不能点亮。起动发动机，起动机不运转。

初步分析：

由于打开点火开关时，转向盘正常解锁，说明防盗系统已经验证通过，EPC 灯不亮，可以推断发动机控制单元 J623 与组合仪表 J285 之间通信异常。

诊断思路：

第一步：打开点火开关，扫描网关列表，读取故障代码。

对于具有自诊断功能的系统而言，读取故障记忆是所有检测工作的第一步，如果有故障代码，应清楚故障代码的定义和生成的条件，并基于此展开诊断和故障检修。

实测结果为解码器无法到达 J623，其他控制单元通信正常，且在地址码 53 和地址码 03

中存在发动机控制单元无通信的故障码。利用解码器读取 CAN 总线系统故障，解码器会显示"发动机无法进入"的故障，此时也可用别的方法锁定发动机控制单元无法进入。

由于解码器未报 CAN 总线相关故障，而且解码器能进入其他系统，因此造成发动机无法进入的原因：

1）发动机控制单元自身故障。
2）发动机控制单元电源电路故障。
3）CAN 总线系统局部故障。

为了进一步确定故障所在，应检查 J623 的 CAN 总线通信是否正常。如果总线波形信号异常，说明总线存在异常；如果总线波形正常，则可能为 J623 或其电源线路存在故障。

第二步：检查 J623 的 CAN 总线波形

打开点火开关，用示波器同时测量 J623 的 T91/79、T91/80 端子对地信号波形，在正常情况下应测得类似右侧的波形（图 1-19），实测正常，说明测试点与 J533 之间的 CAN 总线没有故障，那 J623 无法通信的原因为 J623 及其电源可能存在故障。

第三步：测量 J623 的 T91/86 端子对 T91/1、T91/2 端子的电压差，见表 1-6。

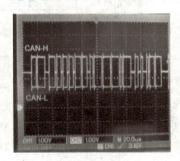

图 1-19　CAN 总线正常波形

在任何工况条件下，用万用表测量 J623 的 T91/86 端子与 T91/1、T91/2 端子之间的电压差，在正常情况下应测得 +B 的电压值，否则说明发动机控制单元供电存在故障。

表 1-6　J623 的 T91/86 端子与 T91/1、T91/2 端子之间的电压测试

可能性	实测结果	状态	下一步操作说明
1	+B	正常	检查 J623 的 CAN 总线，必要时更换 J623
2	0V	异常	说明 J623 正负极之间没有电压降，故障可能来自于正极电路，也可能来自于负极电路，可任意检查正极或负极对地电压
3	0.1V ~ +B 间某个值	异常	说明 J623 正负极供电电路存在虚接，故障可能来自于正极电路，也可能来自于负极电路，可任意检查正极或负极对地电压

实际测量结果为 0V。

第四步：测量 J623 的 T91/86 端子对地电压，见表 1-7。

实际测量结果为 0V。

第五步：测量 SB17 熔丝片两端对地电压，见表 1-8。

任务1　起动机不运转的故障诊断与排除

表1-7　J623 的 T91/86 端子对地电压测试

测试标准：在任何工况条件下，该端子电压应为 +B（+B）。

可能性	实测结果	状态	下一步操作说明
1	+B	正常	如果上一步测试结果为0V，说明本步测试点与接地之间存在断路，故障可能在 J623 自身，也可能在 J623 的接地线路上，下一步应对 J623 的 T91/1、T91/2 端子对地电压进行测试 如果上一步测试结果为0.1V～+B间的某个值，说明 J623 与接地之间存虚接，故障可能在 J623 的接地线路上，下一步应对 J623 的 T91/1、T91/2 端子对地电压进行测试
2	0V	异常	说明 J623 正极供电存在断路，可能原因为 J623 与 SB17 熔丝之间断路或对地短路，下一步应检查 SB17 熔丝的输出电压
3	0.1V～+B间某个值	异常	说明 J623 正极供电存在虚接，可能原因为 J623 与 SB17 熔丝之间、SB17 熔丝内部、SB17 熔丝供电电路存在虚接，下一步应检查 SB17 熔丝的输出电压

注意：因为 SB17 熔丝片是通过熔丝盒内部线路供电，供电线路存在断路、短路和虚接故障的概率很小，但还是需要对 SB17 熔丝片供电进行检查，加上有些情况下不太好确认熔丝哪一端为供电端，因此一般是对熔丝的两端同时进行测量，虽然这种方法有可能违背故障树的诊断逻辑。

表1-8　SB17（7.5A）熔丝片两端对地电压测试

测试标准：在任何工况条件下，熔丝两端均为 +B

可能性	实测结果	状态	可能原因	操作
1	+B，+B	正常	如果上一步测试结果为0V，则说明 T91/86 端子至 SB17 熔丝间线路断路 如果上一步测试结果为0.1V～+B间某个值，则说明 T91/86 端子至 SB17 熔丝间线路虚接	检查确认电路故障并恢复
2	0V，0V	异常	熔丝供电线路断路	检测熔丝供电
3	0V，+B	异常	熔丝损坏	测量熔丝用电负载
4	均0V～+B间某个值	异常	熔丝供电线路虚接	检修供电线路
5	+B，0V～+B间某个值	异常	熔丝虚接	更换熔丝

实测结果为熔丝两端对地电压一端为 +B，一端为 0V。

第六步：熔丝更换

注意：因为熔丝熔断，一般为用电线路短路或负载过大引起，所以必须对用电线路以及设备进行对地电阻检查，防止更换熔丝后烧毁线路、熔丝以及用电设备。对熔丝的负载进行检查，测量熔丝下游电路对地的电阻是否小于蓄电池电压与熔丝安培数之间的比值，即 $15V/7.5A = 2\Omega$。

注意：SB17熔丝的用电器端和发动机控制单元T91/86端子实质上是同一电位，为测量方便，可以测量J623的T91/86端子对地电阻，见表1-9。同时SB17熔丝还负责给主继电器J271线圈、ABS控制单元提供电源，所以在此检测时需注意J271和ABS控制单元J104的状态。

测量J623的T91/86端子对地电阻。关闭点火开关，拔掉SB17熔丝，用万用表测量J623的T91/86端子对地电阻，测试电阻应大于2Ω，否则说明熔丝下游存在故障，参照表1-9中的方法进行诊断。

表1-9 J623的T91/86端子对地电阻测试

可能性	实测结果	状态	可能原因	操作
1	大于2Ω	正常	熔丝正常损坏	更换熔丝
2	小于2Ω	异常	熔丝下游存在对地虚接或短路	转下一步

检查线路、J623、J271、J104是否对地短路，见表1-10。

表1-10 J623的T91/86端子对地电阻测试

步骤	测试条件	实测结果	状态	可能原因	操作
1	断开J623的T91插接件	大于2Ω	正常	J623内部对地短路	更换J623
		小于2Ω	异常	线路、J271、J104对地短路	转2
2	断开J104的T46插接件	大于2Ω	正常	J104内部对地短路	更换J104
		小于2Ω	异常	线路、J271对地短路	转3
3	断开J271继电器	大于2Ω	正常	J271内部对地短路	更换J271
		小于2Ω	异常	熔丝下游导线对地短路	转4
4	检查并修复熔丝下游导线故障				

实测结果为熔丝下游对地电阻大于2Ω，说明熔丝属于正常损坏，更换后系统故障依旧，但J623的T91/86端子对地电压已经恢复正常，说明发动机控制单元的负极电路也可能存在故障。

第七步：发动机控制单元电源负极检查。

T91/1和T91/2端子都为发动机控制单元提供电源主接地，如果接地线路不正常，可能导致发动机控制单元记忆（30#）电源、起动电源和主电源功率不足，导致发动机控制单元工作不稳定或不工作。

对发动机控制单元记忆（30#）电源负极进行检查时，使用万用表测量发动机控制单元T91/1、T91/2端子对地电压，见表1-11。

表1-11 J623的T91/1、T91/2端子对地电压测试

测试标准：在任何工况条件下，J623的T91/1、T91/2端子对地电压应小于0.1V				
可能性	实测结果		可能状态	操作
	T91/1	T91/2		
1	0V	0V	正常	J623或其通信存在故障
2	0.1V～+B间	0.1V～+B间	接地线路虚接	检修线路、接地点
3	0.1V～+B间	0V	T91/1线路虚接	检修线路、接地点
4	0V	0.1V～+B间	T91/2线路虚接	检修线路、接地点

实测结果：T91/1、T91/2 端子对地电压均为 9.8V，说明 J623 接地线路虚接，检查后发现接地点螺钉松动，紧固后故障排除，系统恢复正常。

故障机理：由于 J623 的正极和负极电路存在故障，导致发动机控制单元记忆（30#）电源异常，J623 无法正常工作。

练习题：教师可以按照表 1-12 选择设置故障，要求学生按规范进行诊断并排除。

表 1-12　发动机控制单元记忆（30#）电源的常见故障

序号	故障性质
1	SB17 熔丝故障
2	SB17 熔丝的供电故障
3	SB17 熔丝与 J623 的 T91/86 端子之间的供电线路断路
4	SB17 熔丝与 J623 的 T91/86 端子之间的虚接
5	发动机控制单元 J623 局部故障

1.5　J623 单元通信线路常见故障的诊断与排除

故障现象：打开点火开关，仪表正常点亮，但 EPC 故障指示灯不能点亮。起动发动机，起动机不运转。

初步分析：

由于打开点火开关时，仪表正常点亮，说明防盗系统已经验证通过，EPC 灯不亮，可以推断发动机控制单元 J623 与组合仪表 J285 之间通信异常，图 1-20 所示为发动机控制单元 J623 与组合仪表控制单元 J285 之间的通信原理图。

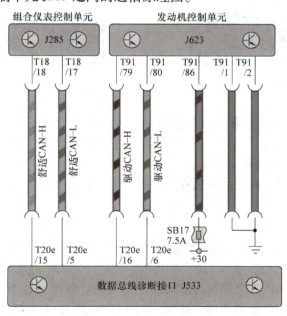

图 1-20　组合仪表控制单元 J285 与发动机控制单元 J623 之间线路原理图

诊断思路：

第一步：打开点火开关，扫描网关列表，读取故障代码。

对于具有自诊断功能的系统而言，读取故障记忆是所有检测工作的第一步，如果有故障代码，应知道故障代码的定义和生成条件，并基于此展开诊断和故障检修。

实测结果为解码器无法到达 J623，其他控制单元通信正常，且在地址码 53 和地址码 03 中存在发动机控制单元无通信的故障码。利用解码器读取 CAN 总线系统故障，解码器会显示"发动机无法进入"的故障，此时也可用别的方法锁定发动机控制单元无法进入。

由于解码器未报 CAN 总线相关故障，而且解码器能进入其他系统，因此造成发动机无法进入的原因：

1）发动机控制单元自身故障。
2）发动机控制单元电源电路故障。
3）CAN 总线系统局部故障。

为了进一步确定故障所在，应检查 J623 的 CAN 总线通信是否正常。如果总线波形信号异常，说明总线存在异常；如果总线波形正常，则可能为 J623 或其电源线路存在故障。

第二步：检查 J623 的 CAN 总线波形。

打开点火开关，用示波器同时测量 J623 的 T91/79、T91/80 端子对地信号波形，在正常情况下应测得类似下表左侧的波形（图 1-21），实测为下表右侧的波形（图 1-22），说明测试点与 J533 之间 CAN 总线存在 CAN-H 断路故障。

 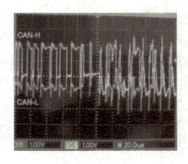

图 1-21　正常波形　　　　　　　　图 1-22　实测波形

第三步：关闭点火开关，断开蓄电池负极，拔掉驱动 CAN 总线上的控制单元，用万用表检查 J623 的 T91/79 端子与 J533 的 T20e/16 端子之间的电阻，测试结果为无穷大，说明其间存在断路，修复后故障排除。

故障机理：由于 J623 的 CAN-H 存在断路故障，J623 无法与 CAN 总线系统进行通信，导致出现上述故障。

1.6　J285 单元电源线路常见故障的诊断与排除

图 1-23 所示为组合仪表电源及通信线路的原理图，系统通过 SC17 熔丝为 J285 提供正极电源，然后通过 T18/10 提供接地。如果 J285 电源电路出现故障，将导致 J285 不能正常工作，从而影响发动机起动。

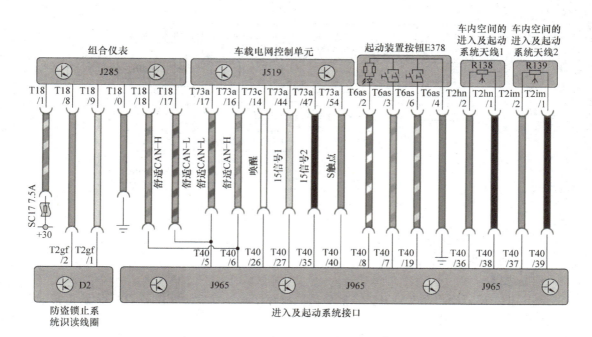

图 1-23 组合仪表电源及通信线路原理图

故障现象（适用于打开点火开关前转向盘解锁的车型）：

1）无钥匙进入功能正常。

2）拉开车门，钥匙指示灯闪烁，进入车内，E378 背景灯正常点亮，但仪表不能显示车门状态，转向盘不能解锁。

3）打开点火开关，转向盘同样无法解锁，仪表不能点亮，整车不能上电；应急起动同样失效，起动机不转。

故障现象（适用于打开点火开关后转向盘解锁的车型）：

1）无钥匙进入功能正常，仪表有相关显示。

2）拉开车门，进入车内，E378 背景灯正常点亮，但仪表不能显示车门状态，钥匙指示灯不闪烁。

3）打开点火开关，钥匙指示灯不闪烁，转向盘无法解锁，仪表不能点亮，整车不能上电；应急起动同样失效，起动机不转。

故障分析：

图 1-24 所示为无钥匙进入及一键起动控制原理图，结合该图可以看出：

1）开闭车门时，仪表不能显示车门状态，说明门锁开关→J386（通过 CAN）→J285 工作异常，但点火开关背景灯点亮，说明门锁开关→J386（通过 CAN）→J965→E387 工作正常。

2）打开点火开关，仪表不能点亮，说明 E387→J965（通过唤醒、15#、S、CAN）→J519（通过 CAN）→J285、J965→车内天线→钥匙→J519 工作异常。

综合上述所有故障现象，均与 J285 没有参与工作有关，可能原因为：

1）J285 自身存在故障。

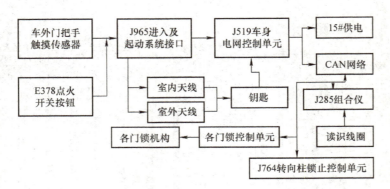

图 1-24 无钥匙进入及一键起动控制原理图

2) J285 电源电路存在故障。
3) J285 通信线路存在故障。

诊断思路：

第一步：反复操作超车灯开关，然后读取故障代码，发现诊断仪与 J285 无法正常通信，说明之前的分析是正常的。

第二步：测量 J285 的 CAN 总线端子对地波形，以验证故障代码真实性。

反复操作超车灯开关，用示波器测量 J285 的 CAN-H、CAN-L 端子对地波形，标准波形如图 1-25 所示。

实测波形如图 1-26 所示，由波形图可以看出，J519 与外界之间的 CAN 总线未发现故障，进一步检查 J285 的电源是否正常。

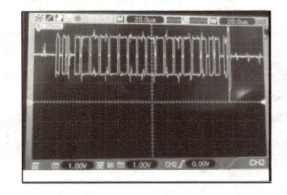

图 1-25 标准波形　　　　　　　图 1-26 实测波形

第三步：测量 J285 的 T18/1、T18/0 之间的电压。

在任何工况下，用万用表测量 J285 的 T18/1、T18/0 之间的电压，正常应为 +B，实测为 0V，说明 J285 供电异常，可能原因为：

1) J285 供电异常。
2) J285 接地异常。

为了确定故障范围，可以测量 J285 的 T18/1 和 T18/0 任何一个端子对地电压。

第四步：测量 J285 的 T18/1 对地电压。

在任何工况下，用万用表测量 J285 的 T18/1 对地电压，正常应为 +B，实测为 0V，说明 J285 供电异常，可能原因为：

1）测试点到 SC17 熔丝之间电路故障（包括断路及对地短路）。
2）SC17 熔丝及其供电电路故障。

第五步：测量 SC17 两端对地电压。

在任何工况下，用万用表测量 SC17 熔丝两端对地电压，正常均应为 +B，实测为一端为 +B，一端为 0V，说明熔丝损坏。

第六步：测量熔丝用电器端对地电阻，以检查熔丝损坏的原因。

拔掉熔丝，用万用表测量用电器端对地电阻，应大于 2Ω，实测为 0Ω，说明用电器端对地短路。修复线路后，系统恢复正常。

机理分析：

由于 J285 与 SC17 熔丝之间电路对地短路，造成 SC17 熔丝损坏，导致 J285 无法与外界通信，造成在进入车内关闭车门时、打开点火开关时均无法监测对钥匙进行甄别，所以无法激活网络而导致上述故障现象；无钥匙进入功能正常，是因为无钥匙进入时对钥匙身份的甄别是由 J519 完成的，而在进入车内和打开点火开关时，J285 在被总线瞬间唤醒后需要问询车内是否多了合法钥匙，然后 J965 才会找寻钥匙，钥匙指示灯才会闪烁，所以没有 J285 进入车内和打开点火开关时系统就没有进一步反应。

1.7　起动许可信号线路常见故障的诊断与排除

图 1-27 所示为起动控制线路原理图，从中可以看出，J965 通过其 T40/15 端子至 J623 的 T91/68 端子的线路，向 J623 发出起动许可信号。如果该信号异常，将造成起动机不能运转。

注意：J965 T40/15 端子至 J623 T91/68 端子之间线路。

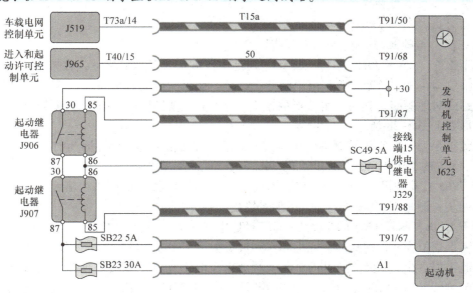

图 1-27　起动控制线路原理图

故障现象：
1）所有车门无钥匙进入功能正常。
2）打开车门进入车内，钥匙指示灯闪烁正常，仪表显示车门状态正常，点火开关背景灯正常点亮。
3）打开点火开关，转向盘解锁，仪表点亮，仪表显示正常，起动发动机，起动机不运转，发动机无法起动，仪表显示档位信息正常，踩下制动踏板时，仪表及后部制动灯指示正常。

故障分析：
1）打开点火开关，转向盘能解锁，仪表正常点亮且未见异常信息，说明防盗已经解除、J285被舒适总线唤醒、J623被来自J519的15#信号激活并且唤醒动力总线、J623与J285之间建立正常通信。
2）仪表显示档位信息正常，说明档位开关及其通信正常；踩下制动踏板时，仪表及后部制动灯指示正常，说明制动踏板及其通信正常。

结合现象可以看出，造成起动机不转的原因为：
1）起动机自身及电源。
2）起动机控制电路。

诊断思路：
第一步：打开点火开关，读取故障代码，无相关故障代码。
第二步：打开点火开关，用解码器读取发动机控制单元内与发动机起动的相关数据流，包括起动许可、制动踏板、空档开关、起动继电器状态反馈等信号，测试发现起动许可信号异常，可能原因为：
1）J623自身故障。
2）J623的T91/68端子与J965的T40/5端子之间线路故障。
3）J965自身故障（由于仪表已经点亮，所以不用考虑J965的输入信号）。

注意：如果不用数据流辅助进行诊断，则只能从起动机控制信号开始进行测量，直到找到故障点为止。

第三步：测量J623端的起动许可信号输入。
按下E378，测量J623的T91/68端子对地电压波形，正常情况下，在按下点火开关时，应测得幅值为+B的脉冲，否则都说明存在故障。如果测得波形始终为一条直线，说明信号线路断路或对地短路；如果测得波形的振幅小于+B，说明信号线路存在虚接现象。标准和实测波形如下图1-28所示。

实测结果说明发动机控制单元没有接收到起动许可信号，可能原因为：
1）J623的T91/68端子与J965的T40/5端子之间线路故障。
2）J965自身故障（由于仪表已经点亮，所以不用考虑J965的输入信号）。

第四步：测量J965端的起动许可信号输出。
按下E378，测量J965的T40/15端子对地电压波形，在正常情况下，在按下点火开关时，应测得幅值为+B的脉冲，标准和实测波形如图1-28a、图1-28b所示。

由此可以看出，J965的T40/15端子对地电压波形正常。该线路两端存在+B的压差，判断J965的T40/15端子至J623的T91/68端子之间的线路断路，测量导线电阻为无穷大。修复后，故障现象消失。

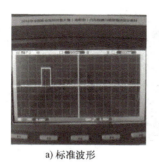 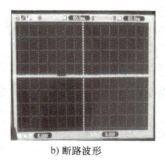 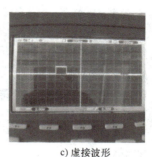

a) 标准波形　　　　b) 断路波形　　　　c) 虚接波形

图 1-28　T91/68 波形

故障机理：

由于起动许可信号线路故障，造成发动机控制单元无法知晓驾驶人的意图，从而没有发出起动机继电器控制信号，造成起动机无法运转，发动机无法起动。

1.8　J623 单元 15#信号线路常见故障的诊断与排除

图 1-29 所示为起动控制线路原理图，从中可以看出，J519 通过其 T73a/14 端子至 J623 的 T91/50 端子的线路，向 J623 发出 15#信号。如果该信号异常，将造成发动机控制单元不能被点火开关信号激活。

注意：J519 T73a/14 端子至 J623 T91/50 端子之间线路。

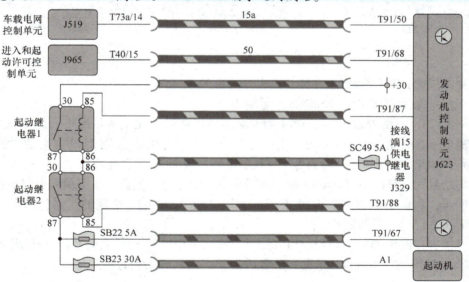

图 1-29　起动控制线路原理图

故障现象：

1）所有车门无钥匙进入功能正常。

2）打开车门进入车内，钥匙指示灯闪烁正常，仪表显示车门状态正常，点火开关背景灯正常点亮。

3）打开点火开关，转向盘解锁，仪表点亮，EPC 灯不亮，起动发动机，起动机不运转，发动机无法起动。

故障分析：

1）打开点火开关，转向盘能解锁，仪表正常点亮且未见异常信息，说明防盗已经解除，J285 被舒适总线唤醒。

2）仪表上 EPC 灯不亮，说明 J623 与 J285 之间通信存在异常，故障原因可能是：

① J623 通信。

② J623 自身及其电源。

第一步：打开点火开关，读取故障代码，无相关故障代码。

第二步：测量 J623 T91/50 端子的信号是否正常。

按下 E378，测量 T91/50 端子对地电压（可以使用万用表），在正常情况下，信号从 0V 切换到蓄电池电压，否则说明信号存在异常。如果电压始终为 0V，说明信号电路断路或者与接地短路；如果电压从 0V 切换到低于 +B 的电压，说明信号电路虚接，如图 1-30 所示。

 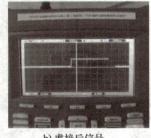 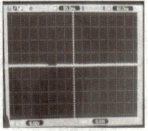

a) 正常信号　　　　　　　b) 虚接后信号　　　　　　　c) 断路后信号

图 1-30　15#信号电压变化

实测结果为：T91/50 端子在打开点火开关后为 0V 直波，检查上游电路。

第三步：测量 J519 端的 15#唤醒信号输出。

按下 E378，测量 J519 的 T73a/14 端子对地电压波形，在正常情况下，信号从 0V 切换到蓄电池电压，否则说明信号存在异常。如果电压始终为 0V，说明 J519 自身故障或信号与接地短路；如果电压从 0V 切换到低于 +B 的电压，说明 J519 自身故障。

实测结果为：J519 的 T73a/14 端子信号正常，结合上步测量，说明信号可能存在断路。

第四步：测试 J519 的 T73a/14 端子至 J623 的 T91/50 端子之间的线路的电阻，测试结果为无穷大，说明该线路断路。

故障机理：由于 J519 的 T73a/14 端子至 J623 的 T91/50 端子之间断路，造成 J623 无法接受到来自 J519 的 15#信号，从而无法激活 J623，发动机无法起动。

1.9　J965 单元 15#、S#信号线路常见故障的诊断与排除

图 1-31 所示为 J965 与 J519 之间的连接电路，从中可以看出，J965 向 J519 总共发出四个电压信号，分别是唤醒信号、S 触点信号、15 信号 1、15 信号 2，唤醒信号是在 J965 接收到天线和点火开关信号后唤醒 J519，使后者短暂进入工作状态；S 触点信号在打开点火开关

的时候切换到蓄电池电压,在关闭点火开关一段时间后还会保持蓄电池电压,如果超过一定时间或在此时间内打开车门,则 S 触点信号由蓄电池电压切换到 0V;15 信号 1、15 信号 2 在打开点火开关的时候同时切换到蓄电池电压,在关闭点火开关同时切换到 0V。如果 S 触点信号、15 信号 1、15 信号 2 中的至少两个信号出现问题,将造成 J519 无法知晓点火开关的指令,进而造成车辆所有受点火开关控制的系统无法工作。

注意:三根中的其中两根存在故障才会导致故障现象。

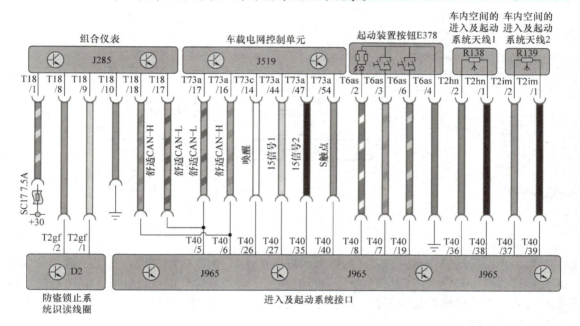

图 1-31　J965 与 J519 之间的连接电路

注意:唤醒信号的影响和诊断会在舒适系统课程中进行讲解。

故障现象(适用于打开点火开关前转向盘解锁的车型):

1)车门无钥匙进入功能正常。

2)打开车门进入车内,仪表显示车门状态正常,点火开关背景灯正常点亮,转向盘正常解锁。

3)操作点火开关,钥匙指示灯正常闪烁,仪表不能正常点亮,整车没有上电,发动机无法起动。

故障现象(适用于打开点火开关后转向盘解锁的车型):

1)车门无钥匙进入功能正常。

2)打开车门进入车内,仪表显示车门状态正常,点火开关背景灯正常点亮。

3)操作点火开关,转向盘正常解锁,但仪表不能正常点亮,整车没有上电,发动机无法起动。

故障分析:

图 1-32 所示为无钥匙进入及一键起动控制原理图,从中可以看出,点火开关打开时仪表不亮,说明 E378→J965(通过唤醒线、2 根 15#、S#、CAN)→J519(通过 CAN)→

J285、J965（通过CAN）→J285、J965→车内天线→钥匙→J519工作异常，但操作点火开关时钥匙指示灯闪烁正常，说明E378→J965（通过CAN）→J285、J965→车内天线→钥匙→J519工作正常，所以打开点火开关后仪表不亮的原因就是J519没有对点火开关打开的信号作出反应，具体表现在：

1）J519自身故障。

2）J519与J965之间15#（两根）、S信号线路故障。

3）J965自身故障。

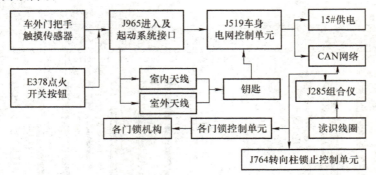

图1-32 无钥匙进入及一键起动控制原理图

诊断思路：

第一步：反复操作遥控钥匙（用以激活舒适系统），读取故障代码，发现"进入及起动系统接口：经由CAN的15#信号端子不可信信号"。通过故障代码可以看出，CAN总线可以被点火开关短暂唤醒但监测不到15#信号，根据15#信号的形成机理，说明J519没有发出15#信号，可能原因为：

1）J519自身故障。

2）J519与J965之间15#（两根）、S信号线路故障。

3）J965自身故障。

为方便测量，可以使用诊断仪分别读取J519内的关于15#信号的数据流，来判定故障所在。

第二步：在J519内读取15#信号数据，以验证代码的真实性或确定故障范围。

打开点火开关，用诊断仪读取J519内的15#数据，在正常情况下应可以读取到"激活"的数据，实际读取到的是"未激活"，说明J519没有接收到来自J965的15#信号，可能原因为：

1）J519自身故障。

2）J519与J965之间15#（两根）、S信号线路故障。

3）J965自身故障。

第三步：测量J519的15#信号输入。

按下E378，用万用表测量J519的T73a/44、T73a/47、T73a/54端子对地电压，在正常情况下，三个端子电压均为0V→+B。实测结果为其中有两个端子对地电压为0V，说明J519没有收到J965的完整信号。

第四步：测量J965的15#信号输出。

按下 E378，用万用表测量 J965 的 T40/27、T40/35、T40/40 端子对地电压（可以只测量信号异常端子对应的电压），在正常情况下，两个端子对地电压均为 0V→+B，实测正常。说明 J965 至 J519 之间的线路断路。

按下 J965 与 J519 电气连接器，用万用表测量导线的电阻，发现是无穷大，说明确实断路。修复线路后，系统恢复正常。

机理分析：

由于 J965 到 J519 之间的 15#（两根）、S 信号三根中两根断路，导致 J519 只能接收到连续两次脉冲的唤醒信号，而不能收到完整 15#信号，导致车辆上受 15#控制的系统均无法工作，并产生相应的故障代码。

1.10　室内天线线路常见故障的诊断与排除

在迈腾 B8 上有若干个室内和室外天线，图 1-33 所示为天线在车内外的位置分布图，其中室内天线主要用于判断钥匙是否在车内，以便控制车辆起动；室外天线主要用于判断钥匙是否在有效范围内，以便开启车门。

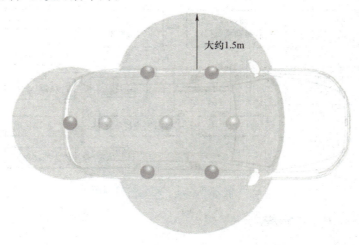

图 1-33　天线在车内外的位置分布图

车内外有很多天线，但各个天线的权限不同，如果车内前部天线出现故障，点火开关功能均失效，同时无钥匙进入功能失效。如果前部车门天线出现故障，无钥匙进入功能失效，但点火开关功能正常；如果后部车门天线故障，则只影响后部车门的无钥匙进入功能；如果车辆后部保险杠内的天线出现故障，则仅仅影响行李舱的无钥匙进入功能；如果车内后部的天线出现故障，则除了仪表提示故障信息外，没有实质影响。

故障现象（适用于打开点火开关前转向盘解锁的车型）：

1）无钥匙进入功能异常，操作时钥匙指示灯闪烁；操作钥匙遥控器，可以正常解锁车门，车外所有转向灯及仪表上的警告灯正常闪烁，后视镜可以展开，E378 背景灯正常点亮。

2）进入车内并关闭车门，钥匙指示灯闪烁，但转向盘不能解锁。

3）按下 E378，钥匙指示灯不闪烁，转向盘同样无法解锁（在进入车内时没有成功解锁的，此时应可以解锁），仪表显示无法找到遥控钥匙，整车不能上电；应急起动可以打开点火开关。

故障现象（适用于打开点火开关后转向盘解锁的车型）：

1) 无钥匙进入功能失效，操作车门把手时钥匙指示灯不能闪烁；操作钥匙遥控器，可以正常解锁车门，车外所有转向灯及仪表上的警告灯正常闪烁，后视镜可以展开，E378 背景灯正常点亮。

2) 进入车内并关闭车门，钥匙指示灯不闪烁。

3) 按下 E378，钥匙指示灯不闪烁，转向盘无法解锁，仪表显示无法找到遥控钥匙，整车不能上电；应急起动可以打开点火开关。

故障分析：

图 1-34 所示为无钥匙进入及一键起动控制原理图，从中可以看出，打开点火开关时钥匙指示灯不能闪烁，说明 E378→J965→车内主天线 R138→钥匙、J965（通过 CAN）→J519→J285 工作异常，但所有车门无钥匙进入时钥匙指示灯均能闪烁，说明各车门触摸传感器→J965→室外天线→钥匙工作正常；应急模式可以打开点火开关，说明 E378→J965（通过 CAN）→J285 及 J519 工作正常。

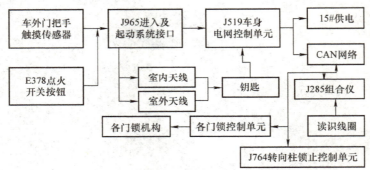

图 1-34 无钥匙进入及一键起动控制原理图

综上所述，故障原因可能是：

1) J965 局部故障。

2) 车内主天线 R138 到 J965 之间的线路。

3) R138 自身故障。

诊断思路：

第一步：应急模式打开点火开关（激活舒适系统），读取故障代码："1057547，进入及起动系统车内天线 1，断路"。

第二步：在天线端测量信号输入。

打开点火开关（激活舒适系统）时，用示波器测量天线的 T2hn/1、T2hn/2 之间的信号波形（根据图 1-35 连接示波器），在正常情况下应测试出如图 1-36 和图 1-37 所示的信号波形，实测为 0V 的一条直线，出现异常的可能原因为：

1) J965 与天线之间的线路故障。

2) J965 自身的故障。

3) 没有满足 J965 触发天线的条件，例如门把手开关、车门开关、点火开关，但根据现象均可以排除。

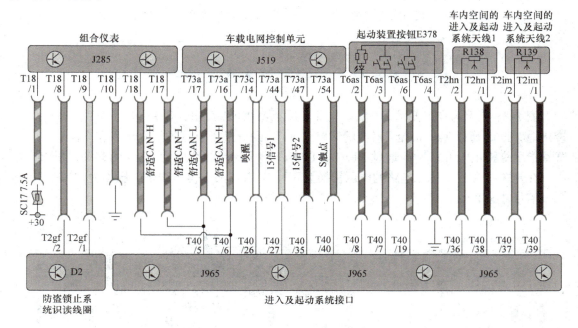

图1-35 室内天线原理图

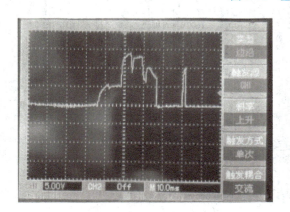

图1-36 开锁时信号波形

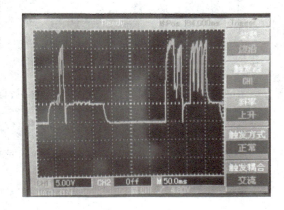

图1-37 闭锁时信号波形

第三步：在J965端测量天线信号输出。

打开点火开关（激活舒适系统）时，用示波器测量J965的T40/36、T40/38端子之间的信号波形，在正常情况下应测试出如图1-36和图1-37所示的信号波形，实测正常。结合上一步测试结果，说明J965与天线之间的线路存在故障。

第四步：检查线路。

关闭点火开关，拔下J965和天线的电气连接器，用万用表测量J965与天线之间线路的导通性，发现存在断路故障。

修复线路后，系统恢复正常。

机理分析：

由于室内主天线故障,导致车辆上所有天线均失效,无钥匙进入、开启并关闭车门以及打开点火开关时,J965 均无法检测到钥匙,因此防盗无法解除,转向盘无法解锁,车辆无法上电。

1.11　E378 及其线路常见故障的诊断与排除

图 1-38 所示为点火开关 E378 工作原理图,从中可以看出,E378 通过其 T6as/4 端子直接接地,J965 通过 T40/8 端子对应的线路为 E378 的背景指示灯提供电源,在车门解锁后为背景指示灯提供电源;J965 通过 T40/7、T40/19 端子对应的线路为 E378 的开关提供参考电压,在开关闭合时该信号电路的电压切换为 0V,只有当两个信号线路电压均为 0V 时,点火开关信号才会有效。

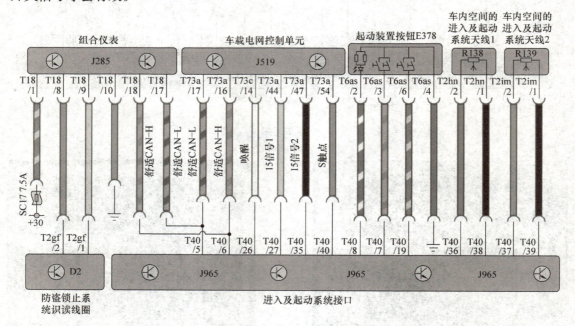

图 1-38　点火开关 E378 工作原理图

如果只是 E378 背景指示灯及其电路出现故障,对车辆性能没有实质影响;如果 E378 内部开关或其信号、接地电路出现故障,将造成 J965 无法准确判定点火开关的指令,进而无法控制车辆运行。

故障现象:

1)无钥匙进入可正常开启车门,所有转向灯及仪表上的警告灯闪烁正常,后视镜打开,车辆发出短暂蜂鸣声。

2)进入车内并关闭车门,仪表可正常显示车门状态,E378 背景灯正常点亮。

3)一键起动和应急起动均无法打开点火开关,钥匙指示灯不闪烁,转向盘无法解锁,仪表不亮,起动机不运转。

故障分析:

图 1-39 所示为无钥匙进入及一键起动控制原理图，从中可以看出，一键起动时钥匙指示灯未闪烁，说明 E378→J965（通过 CAN）→J285、J965→室内天线→钥匙工作异常；但无钥匙进入时，仪表上的转向指示灯闪烁正常，说明车外门把手触摸传感器→J965（通过唤醒线、CAN）→J519（通过 CAN）→J285、J965→室外天线→钥匙→J519 工作正常；E378 背景指示灯点亮，说明 J965（通过一根导线）→E378 背景指示灯→接地工作正常。

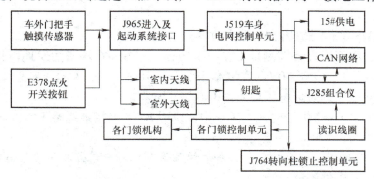

图 1-39 无钥匙进入及一键起动控制原理图

注意：根据车辆技术特点，车内前部天线属于主天线，如果出现故障，车外无钥匙进入失效，现在无钥匙进入时钥匙指示灯正常闪烁，说明室内天线肯定没有故障；由此可以推出，E378 与 J965 之间信号电路存在故障，具体表现在：

1）E378 自身故障。
2）E378 到 J965 之间的信号线路故障。
3）J965 局部故障。

诊断思路：

第一步：读取故障代码，由于点火开关无法打开，诊断仪可能无法进行通信，可以通过操作钥匙遥控器、操作变光灯、操作中控锁开关等方法激活 CAN 总线，以便进行通信。读取后，发现无故障代码。

第二步：利用诊断仪在 J965 内读取 15#信号。

测试时，反复操作点火开关，用诊断仪读取 J965 内 15#相关数据组，在正常情况下应显示为 "OFF – ON"，实测为 "OFF"，测试结果异常，说明 J965 没有接收到正常的来自 E378 的 15#信号。可能原因为：

1）J965 自身故障。
2）J965 与 E378 之间线路故障。
3）E378 自身及接地故障。

基于信号形成原理及测量方便原则，下一步测量 E378 的信号输出信号。

第三步：

1）测量 E378 的信号输出（双触点故障）。

按下 E378，用万用表分别测量 E378 的 T6as/3、T6as/6 端子的对地电压，在正常情况下两个端子对地电压均为 +B→0V。实测结果为：E378 的 T6as/3、T6as/6 端子的对地电压均为 +B 不变，说明 E378 自身及接地线路损坏。

注意：虽然 E378 背景指示灯可以正常点亮，但这不足以说明其接地线路不存在虚接，所以还是要对点火开关接地端子的电压进行测量。

加一步：测量 E378 的接地状态。

按下 E378，用万用表分别测量 E378 的 T6as/4 端子的对地电压，正常情况下该端子对地电压应小于 0.1V。实测结果为：E378 的 T6as/4 端子的对地电压为 0V，说明 E378 自身损坏。

2）测量 E378 的信号输出（单触点故障）。

按下 E378，用万用表分别测量 E378 的 T6as/3、T6as/6 端子的对地电压，正常情况下两个端子对地电压均为 +B→0V。实测结果为：E378 的 T6as/3 端子对地电压为 +B→0V，正常；而 T6as/6 端子的对地电压均为 +B 不变，异常。

由于 E378 的 T6as/3 端子对地电压正常，说明 E378 的接地线路正常。而 T6as/6 端子的对地电压异常，只能说明 E378 自身存在故障。

注意：为了避免错误地更换配件，加之该配件可以进行单件测试，最好进一步确认。

第四步：E378 单件测试。

拔掉 E378 的电气连接器，反复操作 E378，测量 E378 的 T6as/4 端子和 T6as/3 端子、T6as/4 端子和 T6as/6 端子之间的电阻，在正常情况下，没有操作 E378 时，两个端子之间电阻应无穷大，而操作 E378 时，两个端子之间电阻应为 0Ω，实测结果为操作 E378 时，E378 的 T6as/4 端子和 T6as/3 端子、T6as/4 端子和 T6as/6 端子之间的电阻均为无穷大，说明点火开关触点损坏。

更换 E378 后，车辆恢复正常。

机理分析：

点火开关故障会造成 J965 无法准确识别驾驶人的指令，因此系统不会针对 15#信号做出反应，仪表不亮，发动机无法起动。

1.12　J965 电源电路常见故障的诊断与排除

从进入及起动许可控制单元 J965 电源线路原理图（图 1-40）上可以看出，J965 主电源是由蓄电池经过 SC19（7.5A）熔丝直接供给 J965 的 T40/30 端子，同时与进入及起动许可控制单元 J965 的 T40/17 端子接地构成回路。点火开关在任何档位时，进入及起动许可控制单元 J965 都应是有供电。如果供电线路出现故障，将造成 J965 无法工作，进而无法检测到钥匙，无法感知点火开关的指令，因而无钥匙进入功能失效、点火开关也无法打开。

故障现象：

1）无钥匙进入功能失效，操作时钥匙指示灯不闪烁；使用钥匙遥控键可以开启车门，但 E378 背景灯不能点亮。

2）打开车门进入车内，仪表显示车门状态正常，（偶尔）能感觉到油泵运转，钥匙指示灯始终没有闪烁，仪表未提示"未检测到钥匙"。

3）操作 E378，钥匙指示灯不闪烁，仪表未提示"未检测到钥匙"，转向盘不能正常解锁，仪表未点亮，发动机无法起动。

4）应急起动也无法打开点火开关。

任务1 起动机不运转的故障诊断与排除

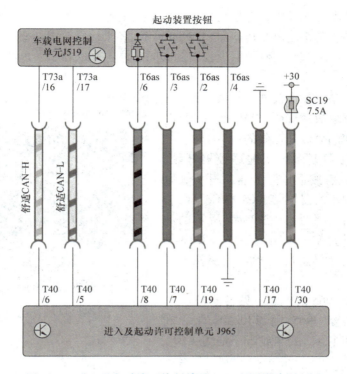

图1-40 进入及起动许可控制单元 J965 电源线路原理图

故障分析：

图1-41所示为无钥匙进入及一键起动控制原理图，从中可以看出：

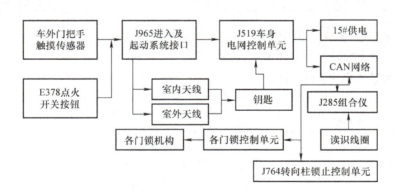

图1-41 无钥匙进入及一键起动控制原理图

1）所有车门无钥匙进入时，钥匙指示灯不能闪烁，说明各车门触摸传感器→J965→室外天线→钥匙工作异常。

2）拉开、关闭车门时，钥匙指示灯不能闪烁，说明 F2→J386（通过CAN）→J519→J965→室内天线→钥匙工作异常；但仪表显示车门状态正常，说明 F2→J386（通过CAN）→J519→J285 工作正常。

3）打开点火开关时，钥匙指示灯不能闪烁，说明 E378→J965→室内天线→钥匙、J965

（通过CAN）→J285工作异常，但仪表显示车门状态正常，说明J285与CAN通信正常。

根据故障概率，各车门触摸传感器、F2、E378、各天线同时损坏概率机会为0，那造成以上三种故障的原因应该为三种控制流程中的共同部分：J965自身、电源。

诊断思路：

第一步：反复频繁操作钥匙遥控器开锁，或操作超车灯开关、按下危险警告灯开关，以激活舒适系统，读取故障代码，J965无法通信，进一步验证了之前的分析是正确的。

第二步：反复频繁操作钥匙遥控器开锁，或操作超车灯开关、按下危险警告灯开关，以激活舒适系统，用示波器检测J965端CAN线波形，在正常情况下应测得如图1-42所示的波形，实测波形未见异常；说明测试点与J519等网关通信正常，故障可能在于J965自身及电源故障。

第三步：检查J965的电源，见表1-13。

用万用表测量J965的T40/30端子和T40/17端子之间的电压，正常情况下应为+B。

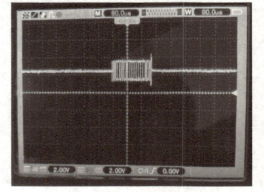

图1-42 CAN总线波形

表1-13 J965的T40/30端子对地电压测试

可能性	实测结果	状态	操作
1	+B	正常	考虑更换J965
2	0V	异常	转"第四步"的第1、2种可能
3	0.1V~+B间某个值	异常	转"第四步"的第1、3种可能

实测结果为端子为0V，说明J965电源存在故障。

第四步：测量J965的T40/30端子对地电压，见表1-14。

用万用表测量J965的T40/30端子对地电压，正常为+B。

表1-14 J965的T40/30端子对地电压测试

可能性	实测结果	状态	操作
1	+B	正常	如果上步测试为0V，则说明J965接地电路存在断路故障，转J965接地测试 如果上一步测试为0.1V~+B间某个值，则说明J965接地电路存在虚接故障，转J965接地测试
2	0V	异常	说明J965正极供电电路存在断路故障，转SB17熔丝测试
3	0.1V~+B间某个值	异常	说明J965正极供电电路存在虚接故障，转J965接地测试

实测为0V，说明故障在J965供电上游电路。可能原因为：

1）测试点到熔丝之间电路断路或对地短路。

2）熔丝自身故障。

3）熔丝上游电路故障。

第五步：检查 SC19 熔丝两端的对地电压，见表 1-15。

注意：因为 SC19 熔丝是通过熔丝盒内部线路供电，供电线路存在断路、短路和虚接故障的概率很小，但还是需要对 SC19 熔丝供电进行检查，加上有些情况下不太好确认熔丝哪一端为供电端，因此一般情况下是对熔丝的两端同时进行测量，虽然这种方法有可能违背故障树的诊断逻辑。

表 1-15　SC19 熔丝片两端对地电压测试

测试标准：在任何工况条件下，熔丝两端均为 +B（+B）。

可能性	实测结果	状态	可能原因	操作
1	+B, +B	正常	熔丝至 T40/30 端子线路虚接、断路	转"线路导通性测试"
2	0V, 0V	异常	熔丝供电线路断路	检测熔丝供电
3	0V, +B	异常	熔丝损坏	参照"负载测试"
4	均 0V～+B 间某个值	异常	熔丝供电线路虚接	检修供电线路
5	+B, 0V～+B 间某个值	异常	熔丝虚接	更换熔丝

实测一端为 +B，一端为 0V，说明 SC19 熔丝存在断路故障。

第六步：检查熔丝下游电路对地电阻。

注意：因为熔丝熔断，一般为用电线路短路或负载过大引起，所以必须对用电线路以及设备要进行对地短路检查，防止更换熔丝后烧毁线路、熔丝以及用电设备。

1）测试时，关闭点火开关，拔掉 SC19 熔丝，用万用表检查熔丝用电器一端对地的电阻，根据熔丝的通流能力，说明用电器的最小电阻应大于 2Ω，见表 1-16。

注意：SC19 熔丝的输出端与 J965 的 T40/30 端子实质上是同一电位，所以该步可以选择对 J965 的 T40/30 端子对地电阻进行测量。

表 1-16　SC19 熔丝的输出端对地电阻的测试

可能性	实测结果	状态	可能原因	操作
1	大于 2Ω	正常	—	重新进行故障诊断
2	小于 2Ω	异常	SC19 熔丝与 J965 之间线路或 J965 内部对地短路	检查 SC19 熔丝与 J965 之间线路对地电阻

实测结果几乎为 0Ω，说明熔丝下游对地短路。

2）检查 SC19 熔丝与 J965 之间线路是否对地短路，见表 1-17。

接上一步拔掉 J965 的电气连接器，用万用表检查熔丝用电器一端对地的电阻，根据熔丝的通流能力，说明用电器的最小电阻应大于 2Ω。

注意：SC19 熔丝的输出端与 J965 的 T40/30 端子实质上是同一电位，所以该步可以选择对 J965 的 T40/30 端子对地电阻进行测量。

表 1-17　SC19 熔丝的输出端对地电阻的测试

可能性	实测结果	状态	可能原因	操作
1	小于 2Ω	异常	SC19 熔丝与 J965 之间线路对地短路	检修电路
2	大于 2Ω	正常	J965 的内部对地短路	更换 J965

实际测试结果为 SC19 熔丝与 J965 之间线路对地短路，排除电路故障，更换熔丝后，系统故障依旧，但 J965 的 T40/30 端子供电已经恢复正常，说明 J965 的接地线路存在故障。

第七步：进入及起动许可控制模块 J965 的负极检查。

T40/17 端子为进入及起动许可控制模块 J965 主接地，如果接地线路不正常，可能导致进入及起动许可控制模块 J965 主电源功率不足，导致进入及起动许可控制模块 J965 工作不稳定或不工作。

对进入及起动许可控制模块 J965 进行检查时，使用万用表测量 J965 的 T40/17 端子对地电压，见表 1-18。

表 1-18　J965 的 T40/17 端子对地电压测试

测试标准：在任何工况条件下，J965 的 T40/17 端子对地电压应小于 0.1V。				
可能性	实测结果	状态	可能原因	操作
1	0V	正常	J965 存在故障	更换 J965
2	0.1V ~ +B 间某个值	异常	接地线路虚接	检修线路、接地点

实际测试结果为 0.1V ~ +B 间某个值，说明接地线路虚接，检修后故障排除，系统恢复正常。

机理分析：

J965 电源故障会造成 J965 无法工作，室内外天线均无法发射信号，所以钥匙指示灯不会闪烁，无钥匙进入功能失效，进入车内后转向盘也无法解锁；由于 J965 没有电源供给，所以点火开关背景指示灯也无法点亮；由于 J965 不能工作，所以无法识别点火开关的信号，点火开关控制的所有功能均失效。

练习题：请指导老师在表 1-19 中选择合适的故障点，要求学生完成并填写诊断报告。

表 1-19　J965 的电源异常常见故障

序号	故障性质
1	J965 的 T40/30 端子对应的供电电源线路断路
2	J965 的 T40/30 端子对应的供电电源线路虚接
3	J965 的 T40/17 端子对应的供电电源线路断路
4	J965 的 T40/17 端子对应的供电电源线路虚接
5	SC19 熔丝断路或虚接
6	SC19 熔丝供电故障

任务2
起动机运转但发动机无法起动的故障诊断与排除

一、任务描述

常见的故障现象有2种：

1）起动发动机时，起动机运转正常，但无任何着车征兆。

2）起动发动机时，起动机运转正常，但起动后熄火（有逐渐熄火，也有突然熄火，有熄火后可再次起动，也有熄火后不可再次起动）。

还有一种起动故障叫起动困难，就是需要较长时间才能起动，或者是有时可以起动，有时无法起动，这种故障模拟起来比较困难，因此在教学过程中很少采用。

二、任务分析

要想完成该故障的诊断与排除，需要具备下列知识和技能：

1. 相关知识

1）汽油发动机电控系统的认知和检测。
2）燃油喷射系统的认知和检测。
3）点火控制系统的认知和检测。
4）进气控制系统的认知和检测。
5）燃油泵控制系统的认知和检测。
6）进气歧管（增压）压力传感器的认知和检测。
7）曲轴位置传感器的认知和检测。
8）凸轮轴位置传感器的认知和检测。
9）燃油压力传感器的认知和检测。
10）喷油器的认知和检测。
11）点火线圈的认知和检测。
12）发动机控制原理线路图的识读。
13）数据通信系统原理线路图的识读。
14）发动机起动控制原理。

2. 相关技能

1）万用表、示波器、故障诊断仪、尾气分析仪等常见设备的使用。
2）维修资料的查阅、线路原理图的识读和分析。
3）常见故障的诊断与排除。

4）5S 管理和操作。

三、故障分析

1. 初步分析

如果起动机运转但发动机无法起动，通常说明故障部位可能会在发动机控制（传感器、执行器、控制单元）系统里，也可以围绕起动时对混合气的要求，即进排气、喷油（油量和正时）、点火（能量和正时）三方面着手进行分析。

注意：在打开点火开关和起动发动机过程中，应观察或感受与发动机起动相关的信息。

（1）仪表显示是否正常点亮，EPC 灯点亮后是否熄灭

图 2-1 所示为组合仪表 ON 档时正常显示状态图。

图 2-1　组合仪表 ON 档时正常显示状态图

1）如果仪表上 EPC 灯点亮后熄灭，说明加速踏板位置传感器、节气门控制单元、发动机控制单元、数据总线诊断接口、组合仪表控制单元及其通信正常。

2）如果仪表上 EPC 灯一直点亮，说明发动机 EPC 系统异常。

（2）燃油指示位置是否正常，是否报出燃油液位过低的警告

如果燃油液位警告灯点亮，再结合现象描述，有可能为油箱内没有燃油或燃油液面过低。

（3）开启车门或点火开关至 ON 档时，是否能听见燃油泵运转的声音

图 2-2 所示为燃油泵控制原理图，从中可以看出，如果在两种情况下，始终没有听到燃油泵运转的声音，有可能为故障：

1）燃油泵自身故障。

2）燃油泵与燃油泵控制单元之间线路故障。

3）燃油泵控制单元及其电源线路故障。

4）车门开启信号和点火开关信号传输故障（同时出故障的可能性很小）。

如果只是在一种条件下不能听到燃油泵运转的声音，往往不影响发动机起动，该故障多为信号传输有误。

（4）按下一键起动按键后，能否听见汽油泵运转的声音

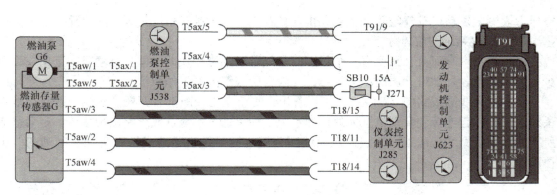

图 2-2 燃油泵控制原理图

注意：此诊断是在开启车门或点火开关处于 ON 档时进行的。此时如果没有燃油泵运转的声音，有可能为故障：

1）发动机控制单元没有收到曲轴、凸轮轴位置传感器中的任意一个信号。
2）发动机控制单元自身（局部）故障。

（5）在起动过程中，发动机是否有起动迹象，如果发动机没有起动迹象，可能存在异常

1）发动机控制单元没有收到曲轴、凸轮轴位置传感器中的任意一个信号（据前可以排除）。
2）发动机控制单元自身故障，包括硬件和软件。
3）所有喷油器或其控制线路故障，可能性不大。
4）所有点火线圈或其电源、接地以及控制线路故障，除了正极电源、负极接地，别的可能性都不大。

（6）发动机起动后是否熄火

如果发动机起动后立即熄火，可能因为发动机控制系统存在电路故障；如果发动机起动后转速逐渐下降，直至熄火，则可能是燃油供给系统故障。

如果上边某一项出现异常，应结合其结构和工作原理检查相关信号、部件电源、熔丝、线路以及部件本身。

2. DTC 分析

现在汽车一般都具有自诊断功能，即使通过故障现象可以明确故障范围，但也最好首先读取故障记忆，因为这特别有利于快速发现故障。如果有故障代码，应知道故障代码的定义和生成条件，并基于此展开诊断和故障检修；如果没有故障代码，则基于系统的结构和工作原理进行系统诊断。

3. 无码分析

如果没有故障代码显示，那就需要技术人员结合故障现象，分析系统线路图，列举故障可能，并按照正确的流程、利用合适的测试设备进行正确的测量，从而发现故障所在。

如果起动机运转但发动机无法起动，可以围绕起动时对混合气的要求，即进排气、喷油（油量和正时）、点火（能量和正时）三方面着手进行分析。

分析时，最好采用尾气分析的方法确定气缸内是否有混合气、是否发生了燃烧。通过真

空压力表测量发动机进气歧管真空度或排气管背压确定进排气系统是否存在故障。

（1）点火系统的故障分析

对于迈腾汽车而言，只要有一个气缸混合气可以燃烧，发动机就会有着车的迹象或者至少有燃烧迹象。发动机无法起动的故障，一般为所有气缸不工作所致。

结合点火线圈线路图（图2-3）可以看出，每个点火线圈都有两根接地线，这些接地线最终汇总到一起连接到发动机缸体的接地点上。如果这个接地点或线路出现故障，则会造成所有的点火线圈均无法工作，因此点火线圈公用接地异常也是造成发动机无法起动的一个原因。

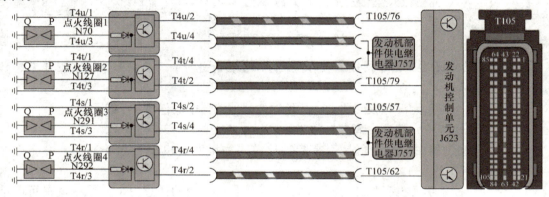

图2-3　发动机点火线圈供电、控制线路原理图

结合发动机部件供电继电器线路图（图2-4）可以看出，点火线圈的主电源来自于部件供电继电器J757，而J757的控制线圈电源通过SB5熔丝来自于J271主继电器；由于所有点火线圈同时损坏的概率很小，往往故障都是由共性事件造成，而点火线圈供电无疑是一个典型的共性事件，因此可以先围绕点火线圈供电异常进行分析，具体可能的原因有：

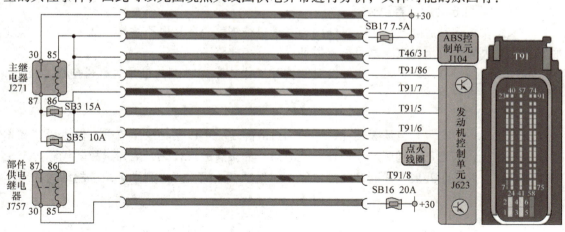

图2-4　发动机部件供电继电器线路原理图

1）SB16（20A）熔丝及供电线路故障。
2）部件供电继电器J757及相关线路故障。
3）SB5（10A）熔丝及供电线路故障。

4)点火线圈自身故障（因点火线圈自身4个同时损坏的概率很小，所以此处不考虑）。

注意：某些故障会产生故障代码，如果有故障代码提示，则按照故障代码提示进行维修。如果没有，则按照故障树进行诊断。

（2）燃油泵控制系统的故障分析

结合线路图（图2-5）可以看出，在电源和接地线路正常的情况下，燃油泵控制单元接受发动机控制单元的指令，给燃油泵提供驱动电流，使燃油泵开始运转泵油。如果燃油泵不工作，将造成发动机无法起动或起动后熄火，而造成燃油泵不工作的原因有：

1) 燃油泵或其线路故障。
2) 燃油泵控制单元或其电源线路故障。
3) 燃油泵控制单元与发动机控制单元之间的通信线路故障。
4) 发动机控制单元自身故障。

注意：某些故障会产生故障代码，如果有故障代码提示，则按照故障代码提示进行维修；如果没有，则按照故障树诊断方法进行诊断。

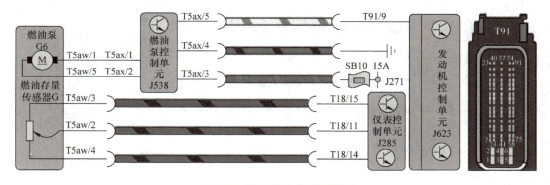

图2-5　燃油供给系统线路图

（3）喷油器控制系统的故障分析

结合喷油器控制线路图（图2-6）可以看出，每个喷油器的供电和控制均来自于发动机控制单元，由于所有喷油器及其线路同时损坏的可能性很小，所以在怀疑喷油器故障造成发动机无法起动的原因时主要集中于喷油器的控制展开，而造成发动机控制单元控制异常的原因有：

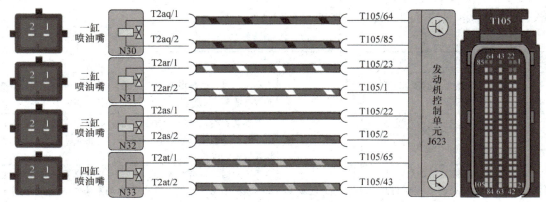

图2-6　喷油器与发动机控制单元之间的连接线路

1) 发动机控制单元故障。
2) 发动机控制单元进入保护模式，例如失火保护等。
3) 关键信号输入故障造成所有的喷油器不能工作。

注意：某些故障会产生故障代码，如果有故障代码提示，则按照故障代码提示进行维修。如果没有，则按照故障树诊断方法进行诊断。

如果节气门翻板因为结冰或某个原因而无法打开，会造成起动过程中进气量过低，而导致发动机无法起动，因此节气门的开度所决定的进气量也是一个要考虑的因素。当然如果节气门位置传感器错误地反映节气门处于开度最大的位置，也会造成喷油器不喷油，从而导致发动机不起动，图2-7所示为节气门体与发动机控制单元之间的连接线路。

如果上述条件都正常，就需要按照发动机机械系统引起发动机无法起动的原因进行分析。

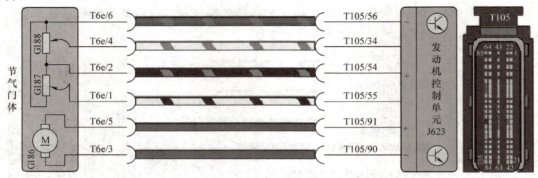

图2-7 节气门体与发动机控制单元之间的连接线路

四、诊断流程

面对发动机起动系统所发生的各种故障，诊断及处理失误将给企业和个人造成相当大的时间和经济损失。正确的诊断及处理不可能来自于盲目的主观臆断，而应该建立在获取与故障有关信息的基础上，依据发动机电控系统的结构以及工作原理，运用科学的分析方法，按照合理的步骤进行综合分析，去伪存真、舍次取主，排除故障受害者，找出故障肇事者，这才是提高故障诊断准确性的关键所在。为了便于分析，不至于被众多杂乱无章的信息扰乱思路，需要结合线路原理图，遵从流程进行诊断维修（表2-1）。

表2-1 故障诊断流程

序号	操作	结果		备注
1	检查+B是否符合要求，注意+B检查的正确方法	正常转2	不正常时，给蓄电池充电或更换蓄电池	确保蓄电池正负极接头连接牢靠，不脏污
2	打开点火开关，仪表应正常点亮，EPC灯点亮后熄灭	正常转3	仪表显示不正常时，结合线路图、维修手册排除仪表、EPC灯异常故障，转5	先排除仪表显示异常故障，再排除EPC灯异常故障
3	踩制动踏板，制动灯应点亮，起动时，仪表没有提示踩制动踏板	正常转4	不正常时，结合线路图、维修手册检测制动灯开关、信号及线路故障，转5	该车有两个传感器可监测制动踏板动作，两个信号均异常时故障才会出现

(续)

序号	操作	结果	备注
4	确认变速杆处于 P 位或 N 位，仪表上档位显示和换档位置应统一，并且显示正常	正常转 5	不正常时结合线路图、维修手册检查变速器档位、仪表显示异常故障，转 5	可以利用故障诊断仪读取变速杆位置信息，从而确定故障所在
5	连接故障诊断仪器，读取故障代码	有故障码转 6	若故障诊断仪无法建立通信，则转 7 若无故障代码，转 8	—
6	根据故障代码实施诊断、维修	正常则转 10	—	—
7	检测 OBD-Ⅱ诊断接口电源及 CAN 总线	正常更换诊断设备	执行"OBD-Ⅱ诊断接口"诊断	使用连线或无线模块时，如果故障诊断仪不亮或无线模块不能通信时进行该诊断
8	起动发动机，观察起动过程	正常则诊断结束	如果着车后熄火，则检查燃油供给系统、防盗或失火保护，转 9 如果着车困难或无着车征兆，则进行燃油、点火、进气、机械系统检测，转 9	在发动机起动过程中利用尾气分析仪测量发动机尾气排放，根据 CO、HC、CO_2、O_2 的含量来判定哪个系统异常
9	燃油系统检测	正常则转 10	根据故障现象和尾气分析结果判定故障所在，然后对相关系统依次进行检测和维修后转 10	— 包括压力和喷油量的检测
9	点火系统检测	正常则转 10		包括点火能量和点火正时的检测
9	进排气系统检测	正常则转 10		包括进气歧管真空度和排气管背压的检测
9	机械系统检测	正常则转 10		包括气缸压力的检测
10	故障检验	正常则诊断结束	不正常转 5	

五、实施维修

1. 根据故障代码提示进行维修

利用解码器读取故障代码，按照本书中提供的针对每个故障代码制订的诊断流程进行故障诊断。

2. 线路检测

根据系统的结构原理，对继电器 J757、继电器 J271、J538、J623、凸轮轴位置传感器、曲轴位置传感器、喷油器、点火线圈、驱动 CAN 总线、舒适 CAN 总线等线路进行检测，检测方法参照本书的相关内容。

3. 部件检测

根据系统的结构原理，对继电器 J757、继电器 J271、J538、J623、凸轮轴位置传感器、曲轴位置传感器、喷油器、点火线圈等元器件进行检测，检测方法参照本书的相关内容。

六、总结拓展

技术报告：参照高职大赛工作页完成诊断报告，教师应根据需要设置好故障点，也可根据本课件中提供的实际案例制定标准答案。

拓展实训：教师可以在车辆给学生设置相类似的其他故障，让学生独立完成，以考核学生的掌握水平。

2.1 发动机起动控制原理

起动机运行的首要条件是需先经过内部防盗系统确认当前钥匙是否为已授权，如果验证钥匙为已授权，则解除防盗并将接通15电源，同时发动机控制单元J623将点火和燃油限制解除，图2-8所示为起动控制原理图。

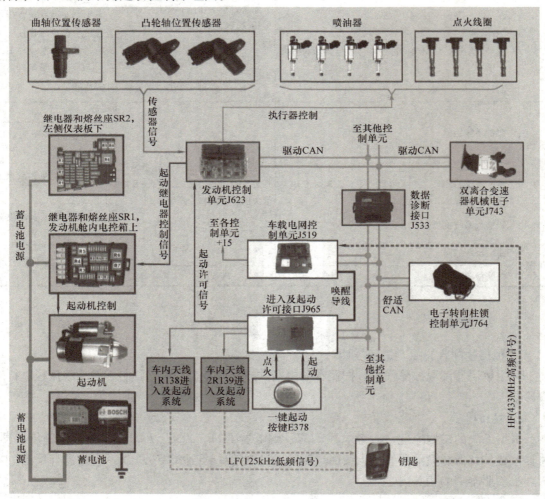

图2-8 起动控制原理图

起动过程中，起动机带动发动机曲轴转动，再通过正时链条带动凸轮轴转动。信号轮分别触发曲轴位置传感器和凸轮轴位置传感器，前者将曲轴位置以及转速信号输送至发动机控制单元，用以控制喷油脉冲宽度、点火正时、怠速转速和汽油泵运转；后者将凸轮轴位置以及转速信号输送至发动机控制单元，用以确定气缸序号；发动机控制单元通过比较两组位置信号，确定曲轴转角和一缸上止点位置，并控制喷油和点火系统的工作，图2-9和图2-10所示为曲轴位置传感器、凸轮轴位置传感器与发动机控制单元之间的连接电路。

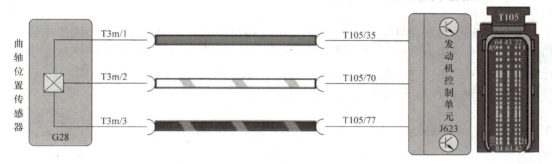

图2-9　曲轴位置传感器线路原理图

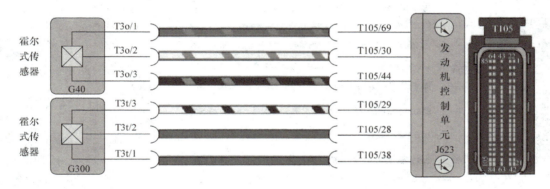

图2-10　凸轮轴位置传感器线路原理图

同时，在发动机控制单元接收到曲轴或凸轮轴转速信号后，将燃油泵工作信号以PWM形式传至燃油泵控制单元，燃油泵控制单元接通燃油泵控制线路，燃油泵开始运转，迅速给燃油系统建立初压。

发动机控制单元根据当前的冷却液温度、进气温度、进气流量（进气压力传感器、节气门位置传感器、加速踏板位置传感器）、燃油压力传感器等参数，在控制单元预先设定的喷油量基础上进行修正，将修正好的喷油量转化为占空比信号控制喷嘴电磁线圈动作，使压力合适的燃油喷入燃烧室。

同时，发动机根据输入的凸轮轴位置以及曲轴位置确定点火正时，并将此点火信号转化为占空比信号输出至独立点火线圈内的大功率管，大功率管断开初级线圈至发动机缸体上的接地线路，并在断开初级线圈瞬间，在次级绕组上产生感应电动势，通过火花塞电极在气缸内放电，点燃气缸内混合气，推动活塞往复运行，通过曲轴转化成圆周运动，发动机起动。

如果发动机接收不到曲轴位置传感器、凸轮轴位置传感器任意一个传感器的信号，发动机控制单元将使用另一个传感器信号进行代替，按预先设定的程序确定和控制点火、喷油正时，发动机还可以起动。如果两个传感器信号同时出现故障，将导致发动机无法起动。

如果发动机接收不到冷却液温度、进气温度、进气流量（进气压力传感器、节气门位置传感器、加速踏板位置传感器）、燃油压力传感器信号，发动机将以预先设定的喷油量精确进行喷射和点火控制。

2.2 主继电器 J271 常见故障的诊断与排除

图 2-11 所示为发动机控制单元 J623 电源线路原理图，从中可以看出，主继电器 J271 的 30 端子主电源是由蓄电池直接供给，J271 的线圈电源、发动机控制单元 J623 以及 ABS 控制模块 J104 的记忆（30#）电源由 SB17（7.5A）熔丝提供，发动机控制单元 J623 的 T91/7 端子控制 J271 线圈 85 端子线路接地构成回路。

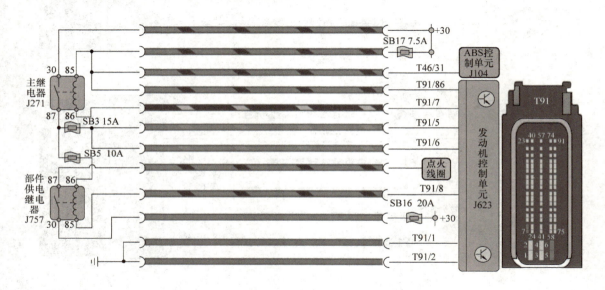

图 2-11 发动机控制单元电源线路原理图

点火开关置于 ON 档后起动发动机，J623 控制 J271 工作，触点闭合，蓄电池电源由 J271 的 87 端子一路经过 SB3 熔丝输出至 J623 的 T91/5 和 T91/6 端子，为发动机控制单元提供主电源，以便为靠 J623 提供双源控制的用电器提供电源；另外一路经过 SB5（10A）熔丝，给部件供电继电器 J757 的线圈端子 86 提供电源。如果 J271 出现故障，将造成起动机运转正常，但发动机没有任何着车征兆。

1. 故障现象

打开点火开关，仪表显示无异常，能听到油泵运转的声音；起动发动机时，起动机运转正常，但无任何着车征兆，也能听到油泵运转的声音。

2. 故障分析

故障现象说明气缸内没有任何混合气燃烧的迹象，原因可能有点火系统故障、燃油系统故障、控制系统故障、（严重的）机械系统故障。

3. 诊断思路

注意：

1) 如果故障描述时没有涉及油泵运转的内容，那就可以结合在打开点火开关和起动发动机的过程中油泵可以运转的事实，说明油泵控制系统基本正常，但不能代表燃油系统压力正常及喷油正常，还是需要结合自诊断功能进行诊断，如果有故障代码，则按照故障代码的含义进行诊断；如果没有故障代码，则可以直接测试尾气，确定故障可能原因。如果故障描述时没有涉及油泵运转的内容，则可以直接借助自诊断功能进行诊断。本书支持前者方法进行，因为这种诊断思路利用了原车的某些控制理论，有助于考察学生对车辆的熟知程度。

2) 在发现排气管 HC 含量过低时，说明喷油器没有或有很少量的燃油喷出，故障可能在喷油器没有打开或燃油系统没有油（压），不过由于汽油泵已经运转，系统没有压力的故障概率很小，因此可以直接进行喷油器工作测试（脉冲信号），进而发现喷油器没有持续喷油。在分析喷油器没有持续喷油的故障可能原因后，继续检查点火系统存在的故障。

第一步：读取故障代码。

无故障代码，只能围绕气缸内没有混合气燃烧进行诊断，在没有严重的机械系统故障的前提下，通常造成混合气不燃烧的主要原因有：

1) 点火系统不点火。
2) 燃油系统不喷油。
3) 电控系统故障。

为分析到底什么原因造成混合气不燃烧，建议最好使用尾气分析仪测量排气歧管的尾气，因为 CO、CO_2 可以反映混合气是否有燃烧，HC 可以反映喷油器是否有燃油喷出。如果排气歧管处无法获取尾气，而是从排气管出口处进行测量，就要充分考虑排气管容积变化以及残留尾气对测试结果的影响。

第二步：尾气分析。

在起动发动机的过程中，使用尾气分析仪进行尾气分析，排气管能检测到很少量的 HC 含量，而 CO、CO_2 的含量几乎为零，O_2 的含量和大气几乎相同。这些数据可以确定喷油器至少没有燃油持续喷出，所以首先应检查燃油控制系统故障。

对燃油系统故障进行诊断，可以从两个方面进行考虑：一方面是围绕燃油系统压力展开，另一方面围绕喷油器工作展开。两者缺一不可，不过有时需要根据其他工况信息来确定谁的故障概率更大。

第三步：检查燃油系统压力。

对于迈腾燃油喷射系统而言，要想测试燃油系统压力，有两种方法：一种是利用感应式的燃油压力表测试油轨压力（高压）。另一种是利用解码器的数据流功能来读取。两种方法各有利弊，前者相对真实；后者需要借助原车的油轨压力传感器及发动机控制单元的编译，如果油轨压力传感器及相关电路存在故障，则会影响测试结果，因此在有外接的燃油压力测试仪的情况下，建议使用。

起动过程中，用解码器读取油轨压力（106/2）测量值（起动档）：01 区显示 40bar 左右；标准油压：显示 40bar 左右，说明燃油系统压力正常。

第四步：检查喷油器工作。

起动发动机时，用示波器测量喷油器两个端子之间的波形，发现检测不到任何波形

（图 2-12），其他气缸喷油器也是如此，说明发动机控制单元没有发出控制信号，可能原因为：

1）J623 自身故障。
2）J623 电源故障。
3）关键信号输入故障。

基于故障概率和测量方便的原则，先对 J623 电源进行检查，因为 J623 通信正常，说明发动机点火、15#和接地工作正常，因此本步重点检查 J623 的 T91/5、T91/6 端子对地电压。

由于 J623 的 T91/5、T91/6 端子的电压均由熔丝 SB3 提供，所以也可以从测量 SB3 两端电压开始，本文采用后者方法。

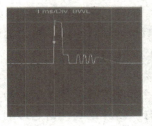

图 2-12　喷油器信号波形

第五步：打开点火开关，用示波器测量 SB3 熔丝两端的对地电压，见表 2-2，在正常情况下，测试值应从 0V 切换到蓄电池电压，否则说明存在故障。

表 2-2　用万用表测量 SB3 熔丝两端对地电压

可能性	实测结果	状态	可能原因	操作
1	+B，+B	正常	—	检查 J623 的 T91/5、T91/6 端子对地电压
2	+B，0V	异常	熔丝 SB3 损坏	检查熔丝下游负载，正常后更换熔丝
3	0V，0V	异常	熔丝供电异常	检查 J271 的 87#输出
4	均为 0V～+B 间的某值	异常	熔丝供电异常	检查 J271 的 87#输出
5	0V～+B 间的某值，0V	异常	熔丝虚接	更换熔丝
6	+B，0V～+B 间的某值	异常	熔丝虚接或断路	检查并更换熔丝

实测结果为熔丝两端电压均为 0V，说明：

1）熔丝与 J271 之间的电路可能存在故障。
2）J271 及其供电、控制存在故障。

第六步：打开点火开关，用万用表测量主继电器 J271 的 87 端子对地电压，见表 2-3，在正常情况下，测试值应从 0V 切换到蓄电池电压，否则说明存在故障。

表 2-3　万用表测量主继电器 J271 的 87 端子对地电压

可能性	实测结果	状态	可能原因	操作
1	+B	正常	熔丝与 J271 之间的线路可能存在故障	检查线路
2	0V	异常	继电器无输出	检查继电器供电及控制
3	0.1V～+B 间	异常	继电器供电端线路虚接	检查继电器供电及控制

实测结果为 0V，说明：

1）继电器自身存在故障。
2）继电器供电存在故障。
3）继电器控制存在故障。

第七步：在任何情况下，用示波器测量主继电器 J271 的 30 端子对地电压，见表 2-4，在正常情况下应测得蓄电池电压，否则说明存在故障。

任务2 起动机运转但发动机无法起动的故障诊断与排除

表 2-4　主继电器 J271 的 30 端子对地电压测试

可能性	实测结果	状态	可能原因	操作
1	0V	异常	J271 的 30 端子供电线路断路	检修线路
2	+B	正常	J271 线圈供电和控制线路故障	检查 J271 线圈供电和控制线路
			J271 自身故障	
3	0.1V ~ +B 间	异常	J271 的 30 供电线路虚接	检修线路

实测结果为 +B，下一步检查 J271 的 85 端子。

第八步：打开点火开关，测量主继电器 J271 的 85 端子对地电压，见表 2-5，在正常情况下，该端子电压应从打开点火开关前的 +B 切换到 0V，否则说明存在故障。

表 2-5　主继电器 J271 的 85 端子对地电压测试

可能性	实测结果	状态	可能原因	操作
1	始终为 +B	异常	J271 线圈控制线路故障	检查 J623 的 T91/7 端子
2	始终为 0V	异常	J271 的 85 端子供电线路及线圈断路	检查 J271 的 85 端子
3	0.1V ~ +B 间的某个值到 0V	异常	J271 的 85 端子供电线路及线圈虚接或者线圈控制线路断路	
4	+B 到 0V	正常	J271 自身存在问题	J271 单件测试

实测结果为始终 0V，所以需进一步检查 J271 的 86 端子。

第九步：在任何工况条件下，测量主继电器 J271 的 86 端子对地电压，见表 2-6，正常情况下，该端子电压始终为蓄电池电压，否则说明供电线路存在故障。

表 2-6　主继电器 J271 的 86 端子对地电压测试

可能性	实测结果	状态	可能原因	操作
1	+B	正常	J271 自身故障	继电器部件测试
3	0V	异常	86 端子供电存在断路	检查 SB17 熔丝两端对地电压
4	0V ~ +B 间的某个值	异常	86 端子供电存在虚接	

检查结果为 +B，说明 J271 自身故障。

注意：

第七步、第八步可以整合在一起，顺序也可以颠倒。

第七步、第八步、第九步可以整合在一起，但必须在测完电源以后再测量控制信号。

第十步：J271 继电器单件测试。

如果进行 J271 继电器单件测试，要求严格按照以下步骤进行：

1) 测量继电器 85# 和 86# 之间到电阻，正常值为 60 ~ 200Ω，测试结果正常。

注意：只有在电阻正常的情况下才能通电测试。

2) 86 端子接蓄电池负极，然后 85 端子接蓄电池正极，用万用表测量 30# 和 87# 端子之间的电阻，应从无穷大切换到导通。

测试结果为电磁线圈电阻过大。更换继电器后，发动机起动正常，故障排除。

练习题：可以从表 2-7 中选择故障点，要求学生排除故障并完成诊断报告。

表 2-7 主继电器 J271 及控制线路异常常见故障

序号	故障性质
1	J271 自身故障（电磁线圈）
2	J271 的线圈供电线路断路
3	J271 的线圈供电线路虚接
4	J271 的线圈供电线路对地短路（SB17 熔丝损坏）
5	J271 的线圈控制线路断路
6	J271 的线圈控制线路虚接
7	J271 触点供电线路断路
8	J271 触点供电线路虚接
9	J271 触点无法闭合
10	J271 触点虚接

2.3　部件供电继电器 J757 常见故障的诊断与排除

部件供电继电器 J757 安装在发动机舱内电控箱上，位置为 R8，如图 2-13 所示，针脚对应情况如图 2-14 所示。

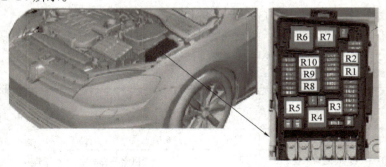

图 2-13　部件供电继电器 J757 安装位置

图 2-15 所示为部件供电继电器相关电路，从中可以看出，继电器的 30 端子通过 SB16 熔丝与蓄电池正极相连，为继电器开关供电；继电器的 87#与所有点火线圈相连，为点火线圈提供工作电源；继电器的 86#端子通过 SB5 熔丝与主继电器 J271 的 87 端子相连，在打开点火开关时为继电器电磁线圈提供电源；继电器的 85#与发动机控制单元的 T91/8 端子相连，在打开点火开关时为继电器电磁线圈提供接地，控制继电器工作。

1代表86
2代表85
3代表30
5代表87

图 2-14　继电器的针脚对应情况

部件供电继电器 J757 测试可以先通过听觉或触觉功能简单地判断，此方法需两个人操作，方法如下：打开发动机舱盖，找到舱内电控箱上 R8 继电器，使用手指尖轻轻抓住继电器外壳，一人在车内打开或关闭点火开关，另一人在车外应能感觉到或听到此继电器是否动作。此方法需要仔细认真，并多次试验。如果部件供电继电器 J757 没有动作，说明继电器控制、线圈电源或本身出现故障，如果继电器有动作，并不代表继电器工作正常，还是要用汽车专用设备进行测量。

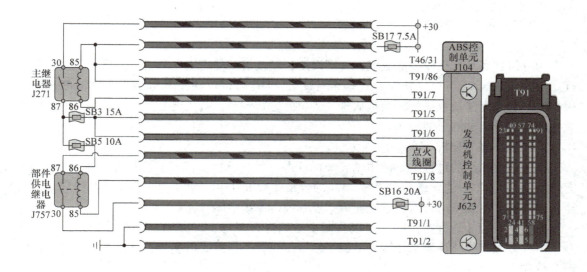

图 2-15　部件供电继电器相关电路

如果继电器 J757 不能正常工作，将造成所有气缸点火线圈不能正常工作，发动机无法起动。

故障现象：

打开点火开关，仪表显示无异常，能听到油泵运转的声音；起动发动机时，起动机运转正常，但无任何着车征兆，也能听到油泵运转的声音。

故障分析：

故障现象说明气缸内没有任何混合气燃烧的迹象，原因可能是点火系统故障、燃油系统故障、控制系统故障、（严重的）机械系统故障。

诊断思路：

注意：

1）如果故障描述时不涉及油泵运转的内容，那就可以结合在打开点火开关和起动发动机的过程中油泵可以运转的事实，说明油泵控制系统基本正常，但不能说明燃油系统压力正常及喷油正常，还是需要结合自诊断功能进行诊断，如果有故障代码，则按照故障代码的含义进行诊断；如果没有故障代码，则可以直接测试尾气，确定故障可能原因。如果故障描述时没有涉及油泵运转的内容，则可以直接借助自诊断功能进行诊断。本书支持前者方法进行，因为这种诊断思路利用了原车的某些控制理论，有助于考察学生对车辆的熟知程度。

2）在发现排气管 HC 含量过低时，说明喷油器没有或有很少量的燃油喷出，故障可能在喷油器没有打开或燃油系统没有油（压），不过由于汽油泵已经运转，系统没有压力的故障概率很低，因此可以直接进行喷油器工作测试（脉冲信号），进而发现喷油器没有持续喷油。在分析喷油器没有持续喷油的故障可能原因后，继续检查点火系统存在的故障。

第一步：读取故障代码。

无故障代码，只能围绕气缸内没有混合气燃烧进行诊断，在没有严重的机械系统故障的前提下，通常造成混合气不燃烧的主要原因有：

1）点火系统不点火。
2）燃油系统不喷油。
3）电控系统故障。

为分析到底是什么原因造成混合气不燃烧，建议最好使用尾气分析仪测量排气歧管的尾气，因为CO、CO_2可以反映混合气是否有燃烧，HC可以反映喷油器是否有燃油喷出。如果排气歧管处无法获取尾气，而是从排气管口处进行测量，就要充分考虑排气管容积变化以及残留尾气对测试结果的影响。

第二步：尾气分析。

在起动发动机的过程中，使用尾气分析仪进行尾气分析，排气管能检测到很少量的HC含量，而CO、CO_2的含量几乎为零，O_2的含量和大气几乎相同。这些数据可以确定喷油器至少没有燃油持续喷出，所以首先应检查燃油控制系统故障。

对燃油系统故障进行诊断，可以从两个方面进行考虑，一方面是围绕燃油系统压力展开，另一方面围绕喷油器工作展开。两个缺一不可，不过有时需要根据其他工况信息来确定哪个故障概率更大。

第三步：检查燃油系统压力。

对于迈腾燃油喷射系统而言，要想测试燃油系统压力，有两种方法：一种是利用感应式的燃油压力表测试油轨压力（高压）；另一种是利用解码器的数据流功能来读取。两种方法各有利弊，前者相对真实；后者需要借助原车的油轨压力传感器及发动机控制单元的编译，如果油轨压力传感器及相关电路存在故障，则会影响测试结果，因此，在有外接的燃油压力测试仪的情况下，建议使用。

起动过程中，用解码器读取油轨压力（106/2）测量值（起动档）：01区显示40bar左右；标准油压：40bar左右，说明燃油系统压力正常。

第四步：检查喷油器工作。

起动发动机时，用示波器测量喷油器两个端子之间的波形，可以检测到1~3个周期的脉冲信号，如图2-16所示，之后就不再能检测到脉冲信号。

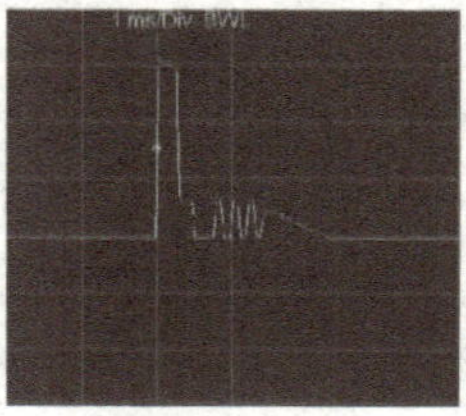

如果在发动机起动过程中喷油器不能持续喷油，说明发动机控制单元切断了燃油喷射，可能原因为：

1）点火系统故障，造成所有火花塞均不点火。
2）发动机控制单元自身故障。

根据故障现象，说明所有火花塞均未点火，根据故障概率，说明故障可能在公共电源或接地，加之J757给所有点火模块供电，如图2-17所示，故障概率相对较高，为方便检测，因此可以从继电器J757的输出端开始检测。

图2-16 喷油器波形

第五步：在发动机起动过程中，用示波器测量部件供电继电器J757的87端子对地电压，见表2-8，在正常情况下，在打开点火开关以及起动过程中，测试点电压应为蓄电池电压，否则说明存在故障。

任务2　起动机运转但发动机无法起动的故障诊断与排除

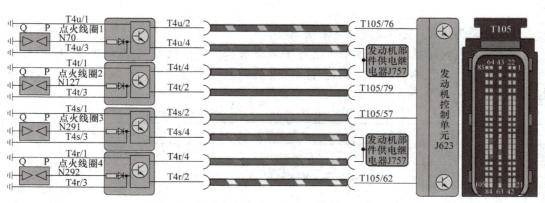

图 2-17　发动机点火线圈供电、控制线路原理图

表 2-8　部件供电继电器 J757 的 87 端子对地电压测试

可能性	实测结果	状态	操作
1	始终为 +B	正常	检查点火线圈端供电和接地
2	始终为 0V	异常	检查继电器及其供电、控制
3	0.1V～+B 间某个值与 +B 之间的方波信号	异常	检查继电器及其供电是否存在虚接

实测结果为 0V，说明继电器工作异常，可能原因为：

1）继电器自身故障。

2）继电器供电故障。

3）继电器控制故障。

第六步：在发动机起动过程中，用示波器测量部件供电继电器 J757 的 30 端子对地电压，见表 2-9，在正常情况下，在任何时候，测试点电压应为蓄电池电压，否则说明存在故障。

表 2-9　部件供电继电器 J757 的 30 端子对地电压测试

可能性	实测结果	状态	可能原因	操作
1	0V	异常	J757 的 30 供电线路断路	检查 SB16 熔丝两端对地电压
2	+B	正常	J757 线圈供电和控制线路故障	检查继电器 86 端子
			J757 自身故障	
3	0.1V～+B 间某个值	异常	J757 的 30 供电线路虚接	检查 SB16 熔丝两端对地电压

实测结果为 +B，说明开关供电未见异常。

第七步：在发动机起动过程中，用万用表测量部件供电继电器 J757 的 86 端子对地电压，见表 2-10，在正常情况下，在打开点火开关以及起动过程中，测试点电压应为蓄电池电压，否则说明存在故障。

表 2-10　部件供电继电器 J757 的 86 端子对地电压测试

可能性	实测结果	状态	可能原因	操作
1	+B	正常	J757 自身及线圈控制线路故障	检查继电器的 85 端子
2	0V	异常	J757 的 86 端子供电线路断路	检查 SB5 两端对地电压
3	0.1V～+B 间某个值	异常	J757 的 86 端子供电线路虚接	

实测结果为+B，说明线圈供电未见异常。

第八步：在发动机起动过程中，用万用表测量部件供电继电器J757的85端子对地电压，见表2-11，在正常情况下，在打开点火开关以及起动过程中，测试点电压应从蓄电池电压切换到0V，否则说明存在故障。

表2-11 部件供电继电器J757的85端子对地电压

可能性	实测结果	状态	可能原因	操作
1	+B~0V	正常	J757自身故障	转"继电器部件测试"
2	均为+B	异常	85端子与J623的T91/8端子之间线路断路	检查J623的T91/8端子对地电压
			J623没有响应	
3	均为0V	异常	继电器线圈断路	转"继电器部件测试"
4	+B至0V~+B间某个值	异常	85端子与J623的T91/8端子之间线路虚接	检查J623的T91/8端子对地电压

注意：

第六步、第七步可以整合在一起，顺序也可以颠倒。

第六步、第七步、第八步可以整合在一起，但必须在测完电源以后再测量控制信号。

测试结果为+B~0V，说明继电器自身存在故障。

第九步：J757继电器单件测试。

如果进行J757继电器单件测试，要求严格按照以下步骤进行：

1）测量继电器85端子和86端子之间到电阻，正常值为60~200Ω，测试结果正常。

注意：只有在电阻正常的情况下才能通电测试。

2）85端子接蓄电池负极，然后86端子接蓄电池正极，用万用表测量30端子和87端子之间的电阻，应从无穷大切换到导通。

测试结果为30端子和87端子之间始终没有导通，说明继电器触点损坏。更换继电器后，发动机起动正常，故障排除。

练习题：可以从表2-12中选择故障点，要求学生排除故障并完成诊断报告。

表2-12 主继电器J757及控制线路异常常见故障

序号	故障性质
1	J757自身故障（电磁线圈）
2	J757的线圈供电线路断路
3	J757的线圈供电线路虚接
4	J757的线圈供电线路对地短路（SB17熔丝损坏）
5	J757的线圈控制线路断路
6	J757的线圈控制线路虚接
7	J757触点供电线路断路
8	J757触点供电线路虚接
9	J757触点无法闭合
10	J757触点虚接

2.4 曲轴、凸轮轴位置传感器常见故障的诊断与排除

曲轴位置传感器用于监测发动机的转速和曲轴旋转位置,并将此转变成电信号输送给发动机控制单元,作为控制点火、喷油、油泵、怠速转速的重要参考信号。如果该信号出现故障,将造成发动机控制单元无法知晓曲轴的转速和位置,从而影响发动机起动,不过很多发动机电控系统在该传感器出现故障的时候会用凸轮轴位置信号来替代,以确保发动机可以起动运转,只是起动的时间稍长。

由曲轴位置传感器线路原理图(图 2-18)上可以看出,传感器采用霍尔式结构和工作原理,由 J623 的 T105/35 端子供给电源(5V)至传感器的 T3m/1 端子,通过传感器的 T3m/3 端子至 J623 的 T105/77 端子线路接地构成回路,在点火开关打开而发动机没有运转的情况下,J623 会通过其 T105/70 端子提供信号线路 5V 的参考信号,在发动机转动过程中,传感器通过其 T3m/2 端子周期性地把参考电压拉低,形成一个方波信号至 J623 的 T105/70 端子。

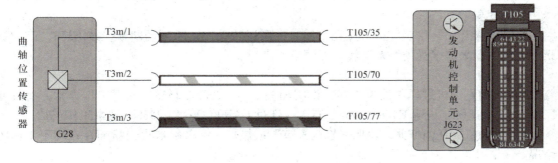

图 2-18 曲轴位置传感器线路原理图

凸轮轴位置传感器用于监测凸轮轴的旋转位置,并将此转变成电信号输送给发动机控制单元,作为控制点火和喷油时序的重要参考信号。如果该信号出现故障,将造成发动机控制单元无法知晓凸轮轴的转角位置,从而影响发动机起动,不过很多发动机电控系统在该传感器出现故障时会用曲轴位置信号来替代,以确保发动机可以起动运转,只是起动的时间稍长。

由迈腾凸轮轴位置传感器线路原理图(图 2-19)上可以看出,凸轮轴位置传感器采用霍尔式结构和工作原理,由 J623 的 T105/69 端子供给电源(5V)至传感器的 T3o/1 端子,通过传感器的 T3o/3 端子至 J623 的 T105/44 端子线路接地构成回路,在点火开关打开而发动机没有运转的情况下,J623 通过其 T105/30 端子提供信号线路 5V 的参考信号,在发动机转动过程中,霍尔传感器通过其 T3o/2 端子周期性地把参考电压拉低,形成一个方波信号至 J623 的 T105/30 端子。

因为凸轮轴位置传感器 G40 和 G300 的结构和工作原理基本一致,其信号的测量方法也完全一致。

通过大量的验证性实验发现,只有当曲轴位置传感器 G28 和凸轮轴位置传感器 G300 同时出现故障时,发动机才会没有任何着车的征兆,在别的情况下均可以起动。

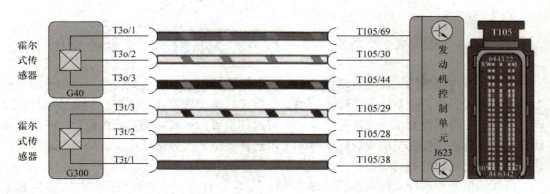

图 2-19 凸轮轴位置传感器线路原理图

结合以上信息,需要对项目进行检测和诊断:

注意:根据传感器的结构和工作原理,发动机控制单元必须给传感器提供一个 5V 的参考电压,在传感器信号发生器运转时才会有方波信号输出,否则即使传感器及其电源线路正常,如果没有发动机控制单元提供的 5V 参考电压,传感器也不会有任何电压信号输出。

故障现象:

打开点火开关,仪表灯正常点亮,偶有油泵运转动作;踩制动踏板,按 E378,起动机正常运转,但无法感受到油泵运转,无着车征兆。

故障分析:

1)起动发动机过程中油泵不转,说明相关信号、J623、J538、油泵工作异常,而打开 E378 时油泵运转,说明 E378、J965、J519(通过 CAN)、J623、J538、油泵工作正常。

2)发动机无任何征兆,说明气缸内没有形成燃烧,那各缸点火或喷油存在均不工作的情况。

而油泵控制系统、点火系统、燃油系统关键部件同时损坏的概率很小,只能是这些系统的重叠部分,即控制单元、关键信号输入存在故障,应先检查其信号输入,即曲轴位置传感器和凸轮轴位置传感器,再考虑更换 J623。

诊断过程:

第一步:打开点火开关,读取故障代码,发现没有故障代码,只能按照之前的分析检查曲轴和凸轮轴位置传感器的信号。

第二步:在发动机起动过程中,用解码器读取与转速有关的数据流,在 01 的转速信号数据组,可以读取到发动机转速的信号,在正常情况下,应测得 0~2000r/min 的转速,实测为零,说明发动机控制单元没有接到任何转速传感器的信号,这验证了之前的分析是正确的。根据传感器作用的优先顺序,首先检查 G28 工作是否正常。

第三步:检查 J623 端的 G28 信号输入。

在发动机起动过程中,用示波器测量 J623 的 T105/70 端子对地电压,在正常情况下应测得 1~5V 的方波信号,否则说明存在故障,可参照表 2-13 进行测试。

实测为 5V 的一条直线,说明信号输入异常。基于信号传输路径,下一步对传感器的输出信号进行测量。

第四步:测量曲轴位置传感器 T3m/2 端子对地波形,见表 2-14,在正常情况下,在发动机运转过程中,应测得 0~5V 的方波信号,否则说明存在故障。

表 2-13　J623 的 T105/70 端子对地波形测试

可能性	实测结果（波形）	状态	说明	操作
1		正常	结合数据流测试结果，说明发动机控制单元自身存在故障	更换 J623
2	0V 的一条直线	异常	说明：①测试点与 J623 之间线路断路；②信号线路对地短路	检查信号线路对地电阻
3	5V 的一条直线	异常	说明：①测试点到 G28 之间断路；②G28 自身故障；③信号线对 5V 短路	检查 G28 信号输出

表 2-14　曲轴位置传感器 T3m/2 端子对地波形测试

可能性	实测结果（波形）	状态	说明	操作
1	0V 的一条直线	异常	如果上一步测试结果为 5V 直线，说明传感器与发动机控制单元之间线路断路故障	检查线路连接
			如果上一步测试结果为 0V 直线，说明信号线对地短路或发动机控制单元内部故障	检查线路对地电阻
2	5V 的一条直线	异常	说明信号线路对 5V 短路或传感器、供电线路故障	检查线路是否对 5V 短路

实测为 0V 的一条直线，结合上步测试结果说明，信号线路断路。

第五步：J623 的 T105/35 端子到 G28 的 T3m/1 端子间线路导通性测试，见表 2-15，关闭点火开关，拔下 J623 的 T105 连接器和 G28 的 T3m 连接器，该导线端对端电阻应小于规定值，否则说明存在故障。

表 2-15　J623 的 T105/35 端子到 T3m/1 端子间线路导通性测试

可能性	实测结果	状态	可能原因	操作
1	小于规定值	正常	线束连接器故障	检查连接器
2	无穷大	异常	T105/35 端子到 T3m/1 端子间线路断路	检修线路
3	大于规定值	异常	T105/35 端子到 T3m/1 端子间线路虚接	

实测结果为电阻无穷大，说明电路断路，修复后，发动机可以起动，只是起动的时间稍长。由于最初故障是由于两个传感器同时存在故障，所以即使第一个故障排除后系统恢复正常，但第二个故障点依然存在，所以还要进一步排除，诊断方法和曲轴位置传感器相同，下面不再赘述。

故障机理：

G28 与 G300 同时丢失信号，控制单元无法获得转速信息，发动机无法准确判断曲轴、凸轮轴转速和位置,油泵不转,不会点火和喷油,无法着车。

练习题:

请指导老师在表 2-16、表 2-17 中选择合适的故障点,要求学生完成并填写诊断报告。

表 2-16　曲轴位置传感器信号异常常见的故障

序号	故障性质
1	曲轴位置传感器 G28 的信号对地短路
2	曲轴位置传感器 G28 的信号断路
3	曲轴位置传感器故障
4	曲轴位置传感器 G28 的供电断路
5	曲轴位置传感器 G28 的供电虚接
6	曲轴位置传感器 G28 的 T3m/3 端子接地断路
7	曲轴位置传感器 G28 的 T3m/3 端子接地虚接
8	发动机控制单元 J623 故障

表 2-17　凸轮轴位置传感器信号异常常见的故障

序号	故障性质
1	凸轮轴位置传感器 G40 的信号对地短路
2	凸轮轴位置传感器 G40 的信号断路
3	凸轮轴位置传感器故障
4	凸轮轴位置传感器 G40 的供电断路
5	凸轮轴位置传感器 G40 的供电虚接
6	凸轮轴位置传感器 G40 的 T3o/3 端子接地断路
7	凸轮轴位置传感器 G40 的 T3o/3 端子接地虚接
8	发动机控制单元 J623 故障

2.5　燃油泵控制单元 J538 常见故障的诊断与排除

从燃油泵控制线路原理图(图 2-20)上可以看出,燃油泵控制单元供电由蓄电池通过 SB10 熔丝至 J538 的 T5ax/3 端子直接供电,并通过燃油泵控制单元 J538 的 T5ax/4 端子接地后构成回路。燃油泵工作与否是由发动机控制单元 T91/9 端子发出控制信号,在经燃油泵控制单元 T5ax/5 端子接收处理后,再去控制燃油泵的工作状态。

故障现象:

根据故障设置的条件,可以分为以下 2 种情况:

1) 如果在设置完故障后,没有排空燃油系统残压就让学生进行故障诊断,此时的故障现象为:打开点火开关,仪表汽油液位显示异常(没有动作),没有听到油泵运转的声音;起动发动机,发动机可以正常起动,但过段时间后发动机转速逐渐降低,发动机抖动逐渐加重,直至熄火,重新起动发动机,有着车征兆,但很难起动。

2) 如果在设置完故障后,彻底排空燃油系统残压后再让学生进行故障诊断,此时的故

任务2　起动机运转但发动机无法起动的故障诊断与排除

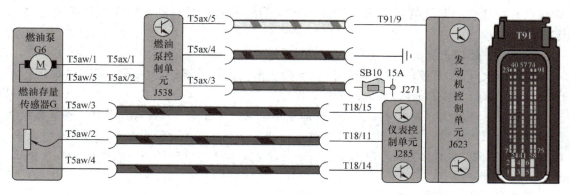

图 2-20　燃油泵控制线路原理图

障现象为：打开点火开关，仪表汽油液位显示异常（没有动作），没有听到油泵运转的声音；起动发动机时，起动机运转正常，但无任何着车征兆，也没有听到油泵运转的声音。

注意：本节以这种情况进行讲解。

故障分析：

对于第一种故障，由于发动机转速是逐步降低的，很容易说明是燃油系统故障或进排气系统故障，后者概率很小，因此应该从燃油系统压力开始进行测试。

对于第二种情况，根据故障现象说明气缸内没有足够的混合气燃烧，可能的原因有点火系统故障、燃油系统故障、控制系统故障、（严重的）机械系统故障。

诊断思路：

注意：

1) 如果故障描述时涉及油泵不转的内容，那就要从油泵不工作开始进行诊断，由于油泵不运转，发动机也无法起动，因此可以先排除油泵故障，然后进行其他诊断，本节支持这种方法进行诊断，因为这种诊断思路利用了原车的某些控制理论，有助于考察学生对车辆的熟知程度。

2) 如果故障描述时没有涉及油泵不转的内容，但关注到发动机熄火前转速的变化过程，就可以根据现象确定是燃油系统故障或进排气系统故障，后者概率很小，因此应该从燃油系统压力开始进行测试。

3) 如果故障描述时没有涉及油泵不运转的内容，也没有关注到发动机熄火前转速的变化过程，那就要结合自诊断功能进行诊断，如果有故障代码，则按照故障代码的含义进行诊断；如果没有故障代码，则可以直接测试尾气，确定故障所在。在发现排气管 HC 含量过低时，说明喷油器没有工作或有很少量的燃油喷出，故障可能在喷油器没有打开或燃油系统没有建立油压，如果先测量燃油系统压力，就会发现燃油系统压力异常，进而着手排除燃油系统压力故障；如果学生先测试喷油器脉冲信号，就会发现喷油器会持续喷油，但燃油系统压力逐步降低，因此还是可以确定燃油系统压力故障，进而先排除油压故障。

第一步：读取故障代码。

本故障不读故障代码也可以进行诊断，但一般的修理习惯还是要读码，即使已经知道故障方位。

读取故障代码，发现没有相关故障记忆，加之在开启车门、打开点火开关和起动发动机时均没有听到汽油泵运转的声音。因此怀疑发动机不能正常起动是由于汽油泵不运转引起的。

第二步：燃油泵测试。

打开点火开关，用解码器执行元件驱动功能来测试燃油泵运行，但没有燃油泵运行声音，说明油泵及其控制故障。

注意：这种测试方法只是为了区分燃油泵不能运转是否是由控制条件引起，如果在发动机起动时油泵不运转，而执行元件测试时可以正常运转，说明J623、J538、G6工作正常，故障可能在J623及其相关信号输入上，例如转速等；如果测试时同样不能运转，说明J623、J538、G6工作异常。

第三步：测量燃油泵电动机两端的电压波形。

打开点火开关时、开启车门时或起动发动机的过程中，用示波器测量燃油泵电动机两端之间的电压波形，正常情况下为0V到+B的方波，测量结果为0V的直线（异常），说明燃油泵内没有电流，可能原因为J538及相关电路存在故障。

第四步：测量燃油泵电动机某端对地电压波形。

打开点火开关时、开启车门时或起动发动机的过程中，用示波器测量燃油泵电动机某端对地的电压波形，正常情况下为一个端子信号为0V到+B的方波，另一个为0V，测量结果为0V的直线（异常），说明燃油泵没有得到工作电压，可能原因为J538及相关电路存在故障。

第五步：测量J538对油泵电机的输出电压波形。

打开点火开关时、开启车门时或起动的发动机过程中，用示波器测量J538对油泵电动机的输出电压波形，正常情况下为一个端子信号为0V到+B的方波，另一个为0V，测量结果为0V的直线（异常），说明J538没有输出工作电压，可能原因为J538及相关电路存在故障。

第六步：检查J538的电源。

打开点火开关，用万用表测量J538的供电及搭铁电路，在正常情况下，T5ax/3端子对地电压为+B，T5ax/4端子对地电压为0V，实测结果为T5ax/3端子对地电压为+B，T5ax/4端子对地电压为7.8V，说明J538搭铁线路异常。

第七步：J538搭铁电路的检查。

断开J538插头，用万用表测量J538的T5ax/4端子与搭铁之间的电阻，在正常情况下测试值几乎为0Ω，实测为1kΩ，说明搭铁电路虚接。检修故障后，J538供电恢复正常，但打开点火开关，还是听不到油泵运转的声音；说明故障可能J538与J623之间的信号电路上，具体表现在以下3个方面：

1）发动机控制单元J623故障。
2）发动机控制单元J623与油泵控制单元J538之间电路故障。
3）油泵控制单元J538故障。

由于发动机控制单元J623与油泵控制单元J538之间是单向通信模式，即发动机控制单元J623向油泵控制单元J538发出控制信号，因此应首先测量油泵控制单元J538端的信号是否正常。

第八步：测量J538信号输入是否正常。

任务2 起动机运转但发动机无法起动的故障诊断与排除

起动发动机过程中，用示波器测量 J538 的 T5ax/5 端子对地波形，在正常情况下应测得一个 0V 到 +B 之间的方波信号，随着发动机工况的变化，波形振幅不变，但占空比会发生变化，见表 2-18，否则说明存在故障。

表 2-18　J538 的 T5ax/5 端子对地波形测试

可能性	实测结果（波形）	状态及分析	操作
1		信号正常，可能是 J538-G6 存在故障	进行相关检查
2		信号低电平抬高，异常，根据信号形成机理，可能原因为测试点与 J623 之间虚接	测量 J623 信号输出
3		电压始终保持 +B，异常，根据信号形成机理，可能原因为测试点与 J623 之间断路	测量 J623 信号输出
4		电压始终保持接地电压，异常，根据信号形成机理，可能原因为测试点与 J538 之间断路或信号线对地短路	检查信号线路对地电阻

实测结果为一条电压为蓄电池电压的直线（异常），说明燃油泵控制单元 J538 没有接收到 J623 的控制信号，可能原因为：

1）J623 自身故障。
2）J623 与 J538 之间电路故障。

第九步：测量 J623 信号输出是否正常。

起动发动机过程中，用示波器测量 J623 的 T91/9 端子对地波形，在正常情况下应测得一个 0V 到 +B 之间的方波信号，随着发动机工况的变化，波形振幅不变，但占空比会发生变化，见表 2-19，否则说明存在故障。

表 2-19 J623 的 T91/9 端子对地波形测试

可能性	实测结果（波形）	说明	操作
1		信号高电平降低，异常，根据信号形成机理，可能原因为 J538 和 J623 之间线路虚接	检查线路
3		电压始终保持 +B，异常，根据信号形成机理，可能原因为测试点与 J623 之间断路	测量 J623 信号输出

实测结果为一条 0~3V 之间的方波信号，说明 J538 和 J623 之间线路虚接。

第十步：测试 J538 和 J623 之间线路的导通性，见表 2-20。

表 2-20 J538 和 J623 线路的导通性测试

可能性	实测结果	状态	可能原因	操作
1	近乎为 0Ω	正常	插接件故障	检修插接件
2	无穷大	异常	线路断路	维修线路
3	大于 5Ω	异常	线路虚接	

实测结果为 200Ω，说明电路虚接。修复线束后，油泵开始运转，燃油系统压力恢复正常，发动机可正常起动。

故障机理：

由于 J538 搭铁线路虚接，造成 J538 不能得到足够的工作电压，而使得无法驱动油泵运转；由于 J538 与 J623 之间通信线路虚接，造成 J538 无法知晓 J623 的控制指令，造成 J538 无法控制油泵的运转。

任务2　起动机运转但发动机无法起动的故障诊断与排除

练习题：请指导老师在表 2-21、表 2-22 中选择合适的故障点，要求学生完成并填写诊断报告。

表 2-21　燃油泵控制单元控制信号的电源异常常见故障

序号	故障性质
1	燃油泵控制单元 T5ax/5 端子对应的控制信号线路断路
2	燃油泵控制单元 T5ax/5 端子对应的控制信号线路虚接
3	燃油泵控制单元 T5ax/5 端子对应的控制信号线路对地短路
4	燃油泵控制单元 J538 自身损坏（局部）
5	发动机控制单元 J623 自身损坏（局部）

表 2-22　燃油泵控制单元的电源异常常见故障

序号	故障性质
1	J538 的 T5ax/3 端子对应的供电电源线路断路
2	J538 的 T5ax/3 端子对应的供电电源线路虚接
3	J538 的 T5ax/4 端子对应的供电接地线路断路
4	J538 的 T5ax/4 端子对应的供电接地线路虚接
5	SB10 熔丝断路或虚接
6	SB10 熔丝供电故障

任务3
发动机运行异常的故障诊断与排除

一、任务描述

发动机运行异常常见的故障现象有3种：

1）一辆车辆，发动机起动后出现怠速抖动。

2）一辆车辆，发动机起动后运行，发动机出现怠速抖动，同时伴有加速时转速不提升或提升缓慢，急加速时还伴有喘振，排气管发出"突突"声。

3）一辆车辆，发动机起动后运行，踩加速踏板加速至一定转速后再也无法加速，有时伴有发动机抖动现象。

二、任务分析

要想完成该故障的诊断与排除，需要具备下列知识和技能：

1. 相关知识

1）汽油发动机电控系统的认知和检测。

2）燃油喷射系统的认知和检测。

3）点火控制系统的认知和检测。

4）进气控制系统的认知和检测。

5）可变配气相位控制系统的认知和检测。

6）涡轮增压系统的认知和检测。

7）EPC 电子节气门控制系统的认知和检测。

8）节气门体（带位置传感器）的认知和检测。

9）进气歧管（增压）压力传感器的认知和检测。

10）加速踏板位置传感器的认知和检测。

11）燃油压力传感器的认知和检测。

12）喷油器的认知和检测。

13）高压油泵（带燃油压力调节阀）的认知和检测。

14）燃油泵控制系统的认知和检测。

15）点火线圈的认知和检测。

16）配气相位调整电磁阀、AVS 电子气门升程电磁阀的认知和检测。

17）发动机控制原理线路图的阅读。

18）发动机运行控制原理。

2. 相关技能

1）万用表、示波器、解码器、尾气分析仪等常见设备的使用。
2）维修资料的查阅、线路原理图的识读和分析。
3）常见故障的诊断与排除。
4）5S 管理和操作。

三、故障分析

1. 初步分析

1）在打开点火开关和起动发动机过程中，观察仪表上发动机故障灯是否点亮，EPC 灯是否点亮 2s 后熄灭，如图 3-1 所示。

① 如果仪表上发动机故障灯持续点亮，说明发动机电控系统工作异常。

② 如果仪表上 EPC 灯持续点亮，说明发动机 EPC 系统工作异常。

图 3-1　EPC 灯点亮

2）清除故障代码，然后起动发动机，运行 1~2min，在此期间踩踏加速踏板两三次，使发动机转速增加至 2500r/min 左右，最后关闭发动机，再次起动，观察仪表上发动机故障灯、EPC 灯是否点亮。如果发动机故障灯、EPC 灯开始点亮，则首先需要对发动机电控系统或 EPC 系统进行诊断维修。

3）起动发动机，让发动机怠速运转，观察发动机运转是否平稳，转速是否偏高或偏低。如果发动机抖动与发动机转速同步，说明是发动机缺缸造成的抖动；如果发动机转速在一定的范围内上下"忽悠"，说明怠速空气控制系统存在控制偏差故障；如果发动机转速低并且伴随轻微的抖动，则说明怠速时发动机动力性不足，这与进气量、点火正时、点火能量、喷油正时、喷油量、换气效率、气缸压力等都有很密切的关系；如果发动机怠速转速过高，则与进气量、点火正时、喷油量等都有很密切的关系。

4）起动发动机，踩加速踏板，观察发动机转速是否能到达规定的空载最高转速。

现在很多车辆空载时都会对发动机的最高转速有所限制，一般都是通过断油实施控制；如果踩加速踏板时，发动机转速能上升到最高设计转速，说明发动机加速性能良好；如果在加速过程中，在某个转速就出现无法提高转速的问题，则说明发动机控制系统存在故障，导致发动机功率无法提升。这一般与高压燃油控制系统和 EPC 系统出现故障有关，发动机控制单元将发动机转速控制在安全范围下，不再增加喷油。

结合故障现象发动机转速不提升或提升缓慢。急加速时还伴有喘振，排气管发出"突突"声，而这些现象一般还伴有怠速抖动的现象，因此分析时还应考虑怠速异常的原因。

2. DTC 分析

现在汽车一般都具有自诊断功能，即使通过故障现象可以明确故障范围，但也最好首先读取故障记忆，因为这特别有利于快速发现故障。如果有故障代码，应知道故障代码的定义和生成条件，并基于此展开诊断和故障检修；如果没有故障代码，则基于系统的结构和工作原理进行系统诊断。

3. 无码分析

如果没有故障代码显示，那就需要技术人员结合故障现象，分析系统线路图，列举故障可能，并按照正确的流程利用合适的测试设备进行正确的测量，从而发现故障所在。

如果发动机运行异常（怠速抖动、加速不良），可以围绕运行时对混合气、点火的要求，即进排气、燃油系统、点火系统三方面着手进行分析。如果这3个方面出现故障，将导致混合气燃烧不良，造成各气缸功率难以平衡，使发动机出现怠速抖动、加速不良。

电控燃油喷射式发动机的控制系统比化油器式发动机的控制系统要复杂得多，而缸内直喷+AVS（可变气门升程系统）发动机比一般电控燃油喷射式发动机控制更复杂。发动机接收所有传感器信号以及执行器的反馈信号，在此基础上再由ECU对这些信息结合转矩、负荷进行运算，选择最佳的控制目标，指令执行机构完成，使发动机运行在最佳工况。

结合以上信息和故障现象，如果没有故障代码显示，就应从4点进行分析。

（1）进、排气系统

图3-2所示为涡轮增压发动机进、排气系统结构组成。从中可以看出发动机进、排气系统出现故障，会造成混合气过浓、过稀，使发动机燃烧不正常，具体的原因有：

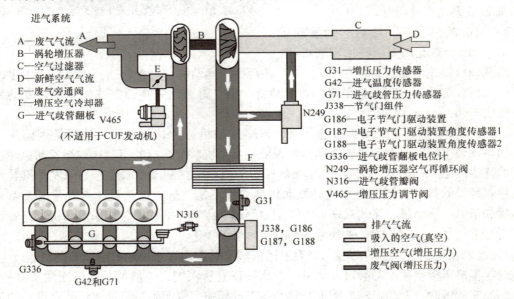

图3-2　涡轮增压发动机进、排气系统结构组成

1）进气管卡子松动或进气总管胶管破裂。

2）进气管衬垫漏气。

3）真空管插头破裂。

4）PCV阀故障。

5）排气管堵塞。

6）进气管堵塞。

7）进、排气系统积炭。

（2）点火系统

图3-3所示为发动机点火系统结构图。从中可以看出，如果点火系统出现故障，造成一

个或多个气缸点火能量减低或丧失，导致发动机各缸之间功率失去平衡，进而造成发动机怠速抖动甚至加速不良，主要表现在以下3点：

1）点火线圈安装在发动机缸盖中，一直处于高温状态，随着时间的推移，点火线圈外部橡胶绝缘将受到影响，导致高压漏电，影响发动机气缸燃烧，造成点火功率降低，如果是个别点火线圈故障，将造成发动机抖动；如果是多个气缸点火线圈故障，将造成发动机抖动、加速不良、运转无力。

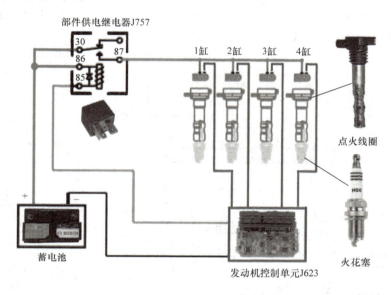

图3-3　发动机点火系统结构图

2）火花塞使用超过3万~4万km后点火效率会明显降低，出现点火电极间隙增大，影响点火能量。如果个别火花塞出现故障，将造成发动机抖动；如果多个气缸火花塞出现故障，将造成发动机抖动、加速不良、运转无力。

3）点火线圈供电、控制线路故障，将造成点火线圈和火花塞不能正常工作，如果是个别点火线圈供电、控制线路故障，将造成发动机抖动；如果是多个点火线圈供电、控制线路故障，将造成发动机抖动、加速不良、运转无力。

（3）燃油系统

如果某一部件工作不正常，都将导致发动机混合气异常，致使发动机怠速抖动、加速无力，所以需要对燃油压力进行检测并确认，图3-4所示为发动机燃油系统结构图。

1）低压部分。

① 燃油泵。如果燃油泵驱动电压出现故障，将使油压过低或过高，可能造成高压燃油喷射系统和低压燃油喷射系统同时出现故障，导致发动机怠速抖动甚至加速不良。而造成燃油泵工作不正常的原因有：

a. 燃油泵或其线路故障。

b. 燃油泵控制单元或其电源线路故障。

c. 燃油泵控制单元信号输入故障。

② 燃油滤清器。燃油滤清器是串联在燃油泵和高压油泵进油口之间的管路上。如果滤

清器堵塞，会造成低压燃油系统压力下降，或者滤清器的限压阀出现故障将导致低压系统油压过高或过低，从而影响发动机喷油量的精准度。

2）高压部分。

① 高压油泵。图3-4所示为迈腾B8发动机高压燃油喷射系统组成示意图。从中可以看出，如果高压油泵柱塞磨损，密封不严，将会降低泵油量和压力，从而影响发动机控制高压喷油器喷油量的精准度，进而影响高压喷油器工作时发动机的性能，例如起动、冷怠速、加速、大负荷下会出现动力性、经济性和排放故障，但不会影响低压燃油喷射系统的性能，所以在低压喷油器工作时，发动机工作正常。

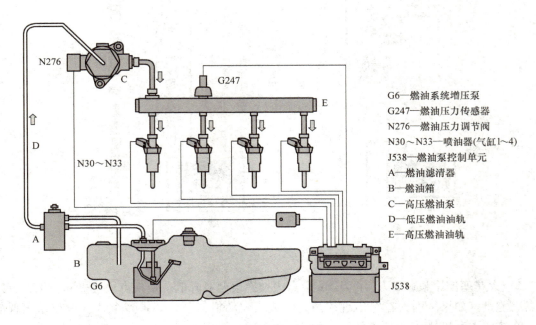

图3-4　燃油系统结构图

G6—燃油系统增压泵
G247—燃油压力传感器
N276—燃油压力调节阀
N30～N33—喷油器(气缸1～4)
J538—燃油泵控制单元
A—燃油滤清器
B—燃油箱
C—高压燃油泵
D—低压燃油油轨
E—高压燃油油轨

② 高压燃油泵的驱动。如果高压油泵凸轮、顶杆磨损，造成驱动行程减少，降低泵油量和压力，从而影响发动机控制高压喷油器喷油量的精准度。

③ 燃油压力传感器。迈腾B8发动机有两个燃油压力传感器，分别监测高压燃油系统和低压燃油系统的压力。

如果高压燃油压力传感器或其信号线路出现故障，将造成系统对高压系统的燃油压力检测出现错误，因而发动机控制单元会发出一个错误的油压控制信号，导致发动机控制单元基于油压的喷油量调节失准，造成发动机怠速抖动或加速不良。

如果低压燃油压力传感器或其信号线路出现故障，将造成系统对低压系统的燃油压力检测出现错误，因而发动机控制单元会发出一个错误的油泵控制信号，导致发动机控制单元基于油压的喷油量调节失准，造成发动机怠速抖动或加速不良。

④ 喷油器。迈腾B8发动机每个气缸分别安装一个高压喷油器和一个低压喷油器，高压喷射器带有六个喷口，这比针阀式喷射器能提供更好的混合气，此喷油器为低阻型（2Ω左右）喷油器，驱动电流大，电压高。低压喷油器阻值较大。一般喷油器会出现故障，会引

起发动机怠速抖动和加速不良。

a. 如果喷油器线圈电阻不符合要求，将导致喷油器开启的速度以及时间发生改变，造成喷油量失准。

b. 积炭造成喷油孔堵塞或孔径变化，使喷油量失准。图3-5所示为喷油器异常情况。

图3-5　喷油器异常情况

（4）电气系统

发动机控制单元监控所有传感器、执行器工作状态，如果传感器、执行器的电源、接地、信号出现短路、断路故障，在有些情况下，发动机控制单元会根据检测到信号的状态产生一个相对应的故障代码，分析故障代码就可以基本确定故障部位。但在有些情况下，不会生产故障代码，就需要根据现象进行分析，从而确定故障所在。

四、诊断流程

面对发动机运行过程中所发生的各种故障，诊断及处理失误将给企业和个人造成相当大的损失。正确的诊断及处理不可能来自于盲目的主观臆断，而应该建立在获取与故障有关信息的基础上，依据电控系统的结构及工作原理，运用科学的分析方法，按照合理的步骤进行综合分析，去伪存真、舍次取主，排除故障受害者，找出故障肇事者，这才是提高故障诊断准确性的关键所在。为了便于分析，不至于被众多杂乱无章的信息扰乱思路，需要结合线路原理图，遵从一下流程进行诊断维修，见表3-1。

表3-1　运行异常诊断流程

流程	操作	结果	备注
1	确认+B是否符合要求	正常转2	不正常，给蓄电池充电或更换蓄电池	确保蓄电池正负极接头连接牢靠，不脏污
2	打开点火开关，检查仪表显示是否正常点亮、发动机控制单元EPC灯是否点亮后熄灭、发动机故障灯是否没有点亮	正常转3	如果仪表显示不正常，结合线路图、维修手册检修仪表显示异常的故障；EPC灯、故障灯异常转3	先排除仪表显示异常故障，再排除EPC灯异常故障

(续)

流程	操作	结果		备注
3	连接故障诊断仪器,读取故障代码	有故障代码转4	无故障代码转6	—
4	清除故障代码,起动发动机,运行 1~2min,在此期间踩踏加速踏板 2~3 次,发动机转速至 2500r/min 左右,最后关闭发动机,再次起动,观察仪表上 EPC、发动机故障灯是否异常,再次读取故障代码	有故障代码转5	无故障代码转6	—
5	根据故障代码的内容进行诊断、维修	检修后转7	—	—
6	检测发动机进气系统	正常转7	根据故障现象和尾气分析结果判定故障所在,然后对相关系统依次进行检测和维修后转7	包括进气歧管真空度和排气管背压的检测
6	检测发动机点火系统	正常转7		包括点火能量和点火正时的检测
6	检测发动机燃油系统	正常转7		检测燃油压力和喷油是否符合要求
6	检测电气系统	正常转7		电源、接地、信号以及线路波形、电压、通断测量
6	检测机械系统	正常转7		包括气缸压力的检测
7	故障检验	正常转8	不正常转2	—
8	维修完成	—	—	—

五、实施维修

1. 根据故障代码提示进行维修

利用解码器读取故障代码,按照本书中提供的针对每个故障代码制订的诊断流程进行故障诊断。

2. 线路检测

根据系统的结构原理,对节气门传感器、进气(增压)压力传感器、加速踏板位置传感器、燃油压力传感器、燃油泵控制、燃油压力调节阀、点火线圈、喷油器、节气门电动机等线路进行检测,检测方法参照本书的相关内容。

3. 部件检测

根据系统的结构原理,对节气门传感器、进气(增压)压力传感器、加速踏板位置传感器、燃油压力传感器、燃油泵控制、燃油压力调节阀、点火线圈、喷油器、节气门电动机等元器件进行检测,检测方法参照本书的相关内容。

六、总结拓展

技术报告:参照高职大赛工作页完成诊断报告,教师应根据需要设置好故障点,也可根据所提供的实际案例制订标准答案。

拓展实训：教师可以在车辆给学生设置相类似的其他故障，让学生独立完成，以考核学生实际掌握的水平。

3.1　发动机运行控制原理

为更好地解决尾气排放问题，迈腾 B8 发动机采用双喷射系统，它主要由进气歧管 SRE 燃油喷射系统和高压喷射系统组成，如图 3-6 所示，在不同的工况下，由不同的系统向发动机喷入燃油。

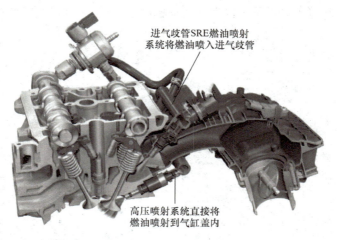

图 3-6　迈腾 B8 双喷射系统

1) 每次发动机起动，就在压缩行程中通过高压喷射系统进行三重直喷，即 3 次直喷进入压缩行程。

注意：在发动机起动过程中，即使高压喷射系统存在严重故障，低压喷射系统也不会参与工作。

2) 发动机起动后，如果冷却液温度低于 45℃，在此阶段，在进气和压缩行程中进行高压双重直喷，即两次喷射分别喷入进气行程和压缩行程。此时，点火时间有一定的延迟；进气歧管翻板关闭。

3) 如果发动机温度高于 45℃，并且发动机在部分负荷范围中时，则发动机控制系统会自动切换到 SRE 模式。此时，进气歧管翻板在大多数情况下保持关闭。

4) 基于高性能需求，当发动机处于全负荷时，发动机控制系统会自动切换到高压喷射模式，在进气和压缩循环中进行双重直喷，即两次喷射分别喷入进气行程和压缩行程。

5) 如果任一喷油系统发生故障，发动机使用另一系统由发动机控制单元驱动，从而确保车辆仍可继续行驶，组合仪表中的红色发动机指示灯亮起。

SRE 喷射系统的喷油器将燃油喷入进气歧管中。SRE 喷射系统有自己的压力传感器（低压燃油压力传感器 G410）用于监控供油系统。供油只通过燃油箱中的燃油系统增压泵，而不通过高压燃油泵。在发动机温度达到 45℃、部分负荷范围下主要使用进气歧管燃油喷射。油滴有充分的时间雾化并与空气混合，在点火前很长时间形成混合气，从而可以减少微粒质量以及炭烟的形成、减少二氧化碳排放量、降低油耗。进气歧管燃油喷射系统主要由汽油泵、汽油滤清器、油轨、喷油器、燃油压力调节器、油管及相关电路、发动机控制单元组成。

高压喷射系统特点主要是可以将高压燃油系统的压力增至150~200bar，达到新EU6排放标准中有关微粒质量和微粒数量的限值，以减少二氧化碳排放量、减少部分负荷范围下的油耗，具有进气歧管燃油喷射功能，能改善发动机运行噪声。FSI燃油喷射系统，除了和低压喷射系统共用汽油泵、燃油滤清器、燃油泵控制单元、发动机控制单元、油管及相关电路以外，还主要包括高压泵、高压油轨、燃油压力调节器、油轨压力传感器、喷油器等。

图3-7所示为迈腾B8发动机电控系统的控制原理图，发动机控制系统根据各传感器信号控制燃油、进气和点火等系统，以保证发动机的动力性、经济性和排放性能。

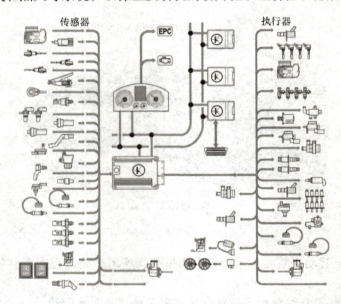

图3-7　发动机电控系统的控制原理图

该发动机的最大特点是采用双喷射控制系统，共轨高压喷射系统采用单活塞高压泵，负责提供数量和压力精确的燃油，形成30~100bar的燃油压力，汽油被直接喷入燃烧室。同时，燃烧室的几何设计以及精确到毫秒级的汽油喷入量的计算功能，都可以大大提高其压缩比，这也是高效新款发动机的必要先决条件。

在进气道方面，发动机采用可变进气歧管，由电子系统控制所需的空气流量，同时发动机配备进、排气凸轮轴连续可调装置，实现了无节流变质调节，提高了充气效率，从而获得更高的升功率，而发动机的动态响应也变得更为直接。

一、FSI燃油系统

FSI燃油系统由低压和高压两部分组成。

1. 低压系统

如图3-8所示，低压系统主要由燃油箱、电动燃油泵总成、滤清器、各种油管和J538燃油泵控制单元构成。J538燃油泵控制单元根据来自门锁开关、点火开关和发动机控制单元的指令，控制电动燃油泵的运行，控制电动燃油泵给高压泵供应压力为0.5~6.5bar的燃油。在冷、热起动时，低压燃油系统的油压可达6.5bar。

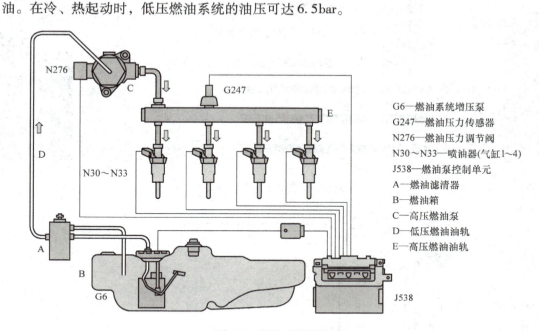

G6—燃油系统增压泵
G247—燃油压力传感器
N276—燃油压力调节阀
N30~N33—喷油器(气缸1~4)
J538—燃油泵控制单元
A—燃油滤清器
B—燃油箱
C—高压燃油泵
D—低压燃油油轨
E—高压燃油油轨

图3-8 燃油系统结构图

(1) 油泵控制单元J538

油泵控制单元J538（图3-9）安装在电动燃油泵上面，通过脉宽调制信号（PWM，Pulse-Width Modulated）来控制电动燃油泵的运行，使低压燃油系统的油压达到0.5~6.5bar。在冷、热起动时，低压燃油系统的压力可达6.5bar。如果J538失效，则发动机不能起动或起动后熄火。

图3-10所示为电动燃油泵控制系统原理图，从中可以看出，当打开点火开关时，J271主继电器工作，通过SB10熔丝给燃油泵控制单元提供点火开关电源信号，使燃油泵控制单元J538进入工作状态，当燃油泵控制单元J538接收到发动机控制单元的通信信号时，就向油泵发出控制电压，控制油泵运转，根据转速和负荷的大小，油泵的转速会进行适当的调整。

图3-9 油泵控制单元J538

(2) 燃油箱

燃油箱安装在车辆后部下方，除了储油外，还起着散热、分离油液中的气泡、沉淀燃油箱杂质等作用，结构如图3-11所示。

(3) 电动燃油泵总成

电动燃油泵总成如图3-12所示。电动燃油泵总成由燃油泵、滤网、燃油箱液位传感器

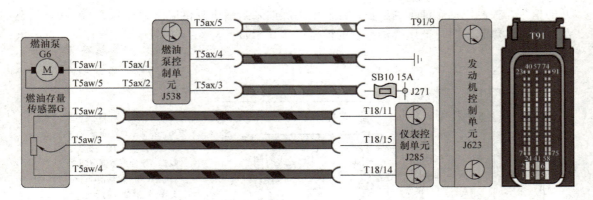

图 3-10　电动燃油泵控制系统原理图

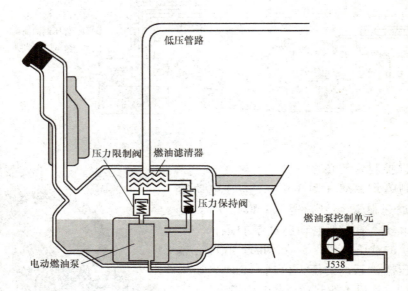

图 3-11　燃油箱结构

组成，燃油箱液位传感器可以监测燃油箱内油液平面的高低，滤网可以过滤颗粒较大的杂质，燃油泵的主要作用就是给燃油增压，通过油管、滤清器把燃油输送给高压泵和低压燃油供给系统。燃油泵受燃油泵控制单元控制，初期以最高转速运转，迅速给燃油系统建立初压，之后转速降低。发动机控制单元在运行过程中根据转矩和负荷需要调节油泵转速，使低压油路系统工作在最佳的状态（0.5~6.5bar）。

（4）燃油滤清器

发动机燃油系统采用无回路模式设计，也就是低压系统有回油管（安装在燃油滤清器上），高压系统没有回油管，这样可防止热燃油从发动机返回至油箱，以降低油箱内部的温度，可避免蒸发排放增

图 3-12　电动燃油泵总成

大，图3-13所示为燃油滤清器。

燃油滤清器带有压力限制阀，如果低压系统油压超过6.8bar时，限制阀打开，使多余的燃油回到油箱，将低压系统压力控制在安全范围内。

2. 高压系统

高压系统的作用是将电动燃油泵建立的低压增加到喷油器喷射所需要的压力，高压燃油系统的油压范围可以达30～200bar（取决于负荷和转速）。

（1）高压泵

发动机高压泵采用单活塞泵，它由发动机凸轮轴上的方形凸轮以机械方式驱动。电动燃油泵给高压泵预供油，预供油压力约为6bar。发动机运转过程中，高压泵在燃油轨内产生高压喷油器喷射所需要的压力。高压泵上有一个压力缓冲器，它可以吸收高压系统内的压力波动，使系统压力保持相对稳定。

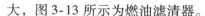

图3-13 燃油滤清器

图3-14、图3-15所示为高压燃油泵结构图和驱动图。

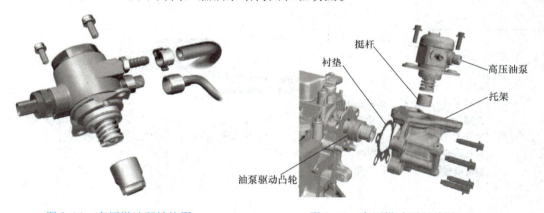

图3-14 高压燃油泵结构图　　图3-15 高压燃油泵驱动图

高压油泵的工作过程可以分为吸油、回油、泵油三个行程，如图3-16所示，在发动机运转过程中，三个行程循环往复，持续将低压燃油系统的燃油输送给高压燃油系统。在高压泵上还安装有燃油压力调节阀N276，用于控制高压油泵的流量，进而精确控制高压系统的燃油压力。

（2）燃油压力调节阀N276

如图3-17所示，燃油压力调节阀安装在高压油泵上，用于控制高压油泵内的燃油流量，进而调节高压系统的压力，该电磁阀是一个常闭电磁阀，通电时阀门打开，使部分燃油回到低压系统。

发动机运转过程中，凸轮轴带动高压油泵柱塞往复运动，建立高压。发动机控制单元通过脉宽调制信号控制油压调节阀N276的打开和关闭，N276线圈的阻值为10Ω。

发动机控制单元通过调节燃油压力调节阀N276将压力调节至30～200bar，压力的大小取决于负荷和转速。同时发动机控制单元通过燃油压力传感器监测高压系统油压，以此形成控制闭环。

燃油压力调节阀 N276 主要功能有 3 点：
1）为燃油系统提供高压。
2）按需求控制进入油轨的油量。
3）控制高压端的压力。

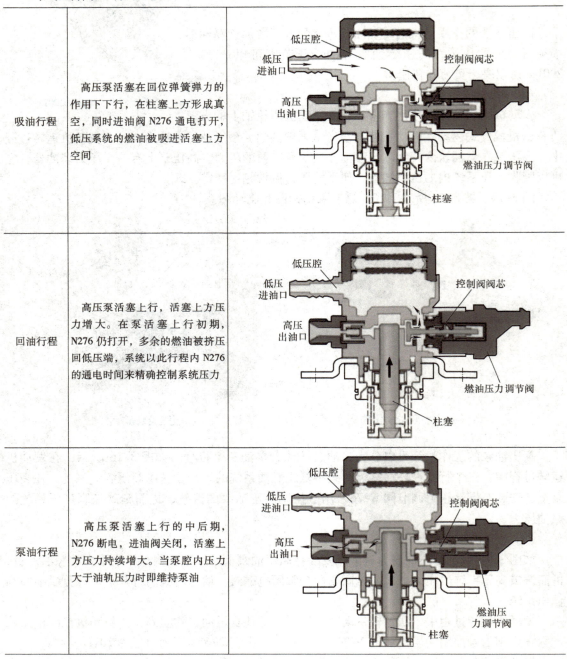

吸油行程	高压泵活塞在回位弹簧弹力的作用下下行，在柱塞上方形成真空，同时进油阀 N276 通电打开，低压系统的燃油被吸进活塞上方空间
回油行程	高压泵活塞上行，活塞上方压力增大。在泵活塞上行初期，N276 仍打开，多余的燃油被挤压回低压端，系统以此行程内 N276 的通电时间来精确控制系统压力
泵油行程	高压泵活塞上行的中后期，N276 断电，进油阀关闭，活塞上方压力持续增大。当泵腔内压力大于油轨压力时即维持泵油

图 3-16　高压油泵工作过程

如果燃油压力调节阀 N276 出现故障，将影响系统运行，如果该电磁阀持续打开，将造成燃油系统压力过低;如果该电磁阀持续关闭,则将造成高压燃油系统压力为零,发动机无法运行;如果控制信号出现故障,将可能导致高压系统压力过大或过小。

注意:迈腾 B8 发动机多采用双喷射系统,如果燃油压力调节器不能通电,将导致调节器完全关闭,在这种情况下,系统只能靠残压起动发动机,当起动后怠速运转时如果发动机温度达到45℃,则低压喷射系统开始工作,之后的一切工况都是依靠低压燃油供给系统。如果高压燃油系统没有残压,则发动机无法起动;如果依靠残压无法使发动机的温度达到45℃,则发动机会逐渐失速而熄火。

图3-17所示为燃油压力调节阀 N276 与发动机控制单元之间的连接线路,从中可以看出,发动机控制单元对燃油压力调节阀采用双源控制。

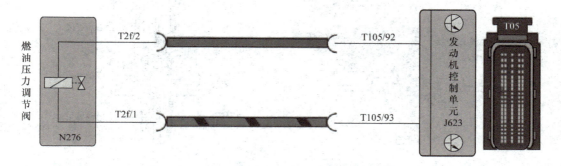

图 3-17　燃油压力调节阀 N276 线路原理图

(3) 油轨

油轨负责保压、减少压力波动,并分配燃油到每个高压喷油阀上,同时上边安装有高压燃油压力传感器 G247,如图 3-18 所示。

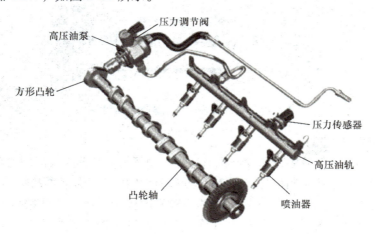

图 3-18　燃油系统结构原理示意图

(4) 压力限制阀

压力限制阀集成在高压泵内或安装在油轨上,它在约 140bar 时打开,使高压燃油泻到泵腔,再回到低压管路,如图 3-19 所示,过高的压力一般发生在超速阶段或高温状态。

(5) 高压燃油压力传感器 G247

高压燃油压力传感器 G247 安装在油轨上,用于监测高压燃油系统的压力,并把压力信号转变成电压信号输送给发动机控制单元,作为控制燃油压力调节阀的重要参考信号,如图 3-20 示为高压燃油压力传感器结构图。

高压燃油压力传感器核心是钢膜,在钢膜上有应变电阻,要测的压力经压力接口作用到钢膜的一侧,使钢膜弯曲,引起应变电阻的阻值发生变化。线路将电阻转变成电压,处理放大后传递给发动机控制单元。

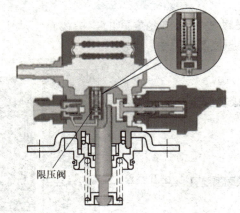

图 3-19 压力限制阀结构图

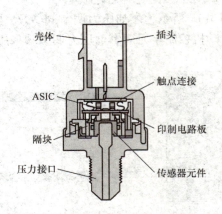

图 3-20 高压燃油压力传感器结构图

图 3-21 所示为高压燃油压力传感器与发动机控制单元之间的连接线路,发动机控制单元给传感器提供 5V 参考电压和接地信号,传感器向发动机控制单元提供随压力变化而变化的电压信号。

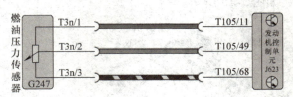

图 3-21 高压燃油压力传感器工作线路图

(6) 高压喷射阀 N30 - N33

喷油器采用的是双源控制,即发动机通过一个端子给喷油器提供高压信号,通过另外一个端子给喷油器提供接地控制信号,两个信号同时作用决定了喷油器的喷油时刻和喷油量。发动机控制单元中的专用升压电路会产生 50~90V 的控制电压,使开始接通喷油器电磁线圈的电流增大,针阀快速升起达到最大升程;而要使针阀保持最大开度,则需要较小的电流,维持小电流有两种方法,一种是减小工作电压,另一种是靠占空比信号实施控制,迈腾发动机采用的是后者。在针阀最大升程保持期间就可得到燃油喷射量随喷射时间的线性变化曲线,控制单元给喷油器施加的驱动电压约为 65V,瞬时电流可达 12A,平均电流为 2.6A,图 3-22 所示为高压喷油器的结构示意图。

喷油器驱动电流要求分为 3 个阶段,如图 3-23 所示。

1）上升阶段（$T_0 - T_1$）：在上升阶段，需要一个高电压直接作用在喷油器电磁线圈上，加快驱动电流速度，缩短喷油器开启时间。

2）拾波阶段（$T_1 - T_2$）：在拾波阶段，仍需提供较大的保持电流，以防止电流突变导致喷油器针阀意外关闭。

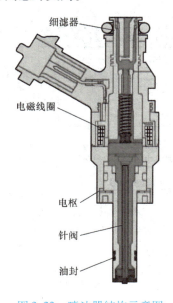

图 3-22　喷油器结构示意图

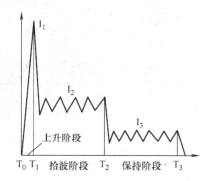

图 3-23　喷油器驱动控制波形

3）保持阶段（$T_2 - T_3$）：在保持阶段，驱动电流下降到一个较小的值，保证喷油器处于打开状态且功耗降低。

发动机控制单元内部有 DC/DC 变换器模块，将 12V 转换成 90V，通过 90V 电压来驱动喷油器，开启时，电容将通过喷油器放电来使喷油器开启；之后，喷油器将利用系统的电压（12V）来维持开启的状态，同时电容将再次充电来供下一次喷油器开启使用。

图 3-24 所示为喷油器驱动线路，喷油器驱动线路由升压线路、高端自举驱动线路、电流分段控制线路等组成。

发动机喷油时，控制单元产生选缸信号和高压触发信号，其中选缸信号通过低端驱动线路控制相对应的气缸 MOSFET（选缸信号 1~4）导通，其脉宽决定了喷油时间；高压触发信号通过高端自举驱动线路控制 MOSFET（M_1）导通，其脉宽决定高电压通电时长。此时，通过升压线路得到 U_H 对喷油器供电，形成较大的电流，使喷油器快速开启。

高压触发信号结束时，其下降沿触发单稳态触发器，产生一个低电平信号，控制基准电压设定线路产生一个高基准电压，当采样电压低于基准电压时，比较器输出高电平，通过与门逻辑线路输出高电平信号，起动高端 MOSFET 管 M_2 工作，低电压 U_L 开始供电，电流增加。当采样电压高于基准电压时，比较器输出低电平，M_2 截止，低电压 U_L 停止供电，电流减小，如此循环，使第一段保持电流稳定在高基准电压确定的范围内。

单稳态触发器产生的低电平信号结束后，基准电压设定线路产生低基准电压，使第二段保持电流始终稳定在由低基准电压确定的范围内，直至喷油结束。

1）DC/DC 升压线路。DC/DC 升压线路采用 BOOST 变换方式。升压线路由电流型 PWM

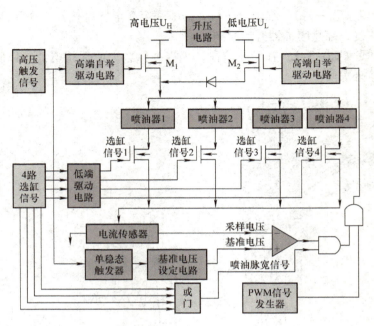

图 3-24 喷油器驱动线路

控制器、多量程电流传感器、MOSFET 管 Q_1、储能电感 L_1、二极管 D_1、储能电容 C_4 和电压反馈电阻 R_5、R_V 等组成，如图 3-25 所示。

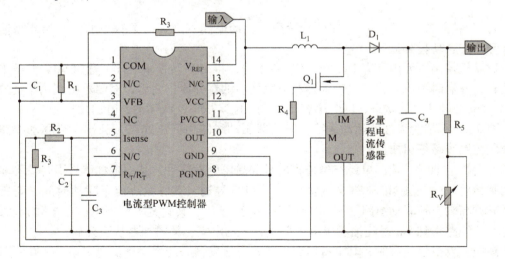

图 3-25 DC/DC 升压线路

BOOST 升压原理是：当 MOSFET 管 Q_1 导通时，二极管 D_1 反相截止，电感线圈 L_1 与供电电源形成闭合回路，能量以磁能形式储存在 L_1 中；当 MOSFET 管 Q_1 截止时，由于流过 L_1 的电流不能发生突变，所以 L_1 两端会产生一个与供电电源同向的感应电动势。在它们的共同作用下，二极管 D_1 导通，以高于电源的电压向储能电容 C_4 充电。如果 MOSFET 反复导通和截止，就可以在储能电容 C_4 两端得到高于电源电压的电压输出。

PWM 控制器通过 PWM 的方式控制 BOOST 线路的工作，其工作原理为：当电压反馈引脚 VFB 输入电压高于 2.5V 时，输出引脚 OUT 为低电平，BOOST 线路停止工作；当电压反馈引脚 VFB 输入电压低于 2.5V 时，引脚 OUT 输出 PWM 信号，BOOST 线路开始工作。

电容 C4 两端电压经电阻 R_5、R_V 分压后输入到 VFB 引脚。调整电阻 R_5、R_V 大小，使得输出电压为目标电压时，输入到 VFB 引脚的电压恰好为 2.5V，从而实现对输出电压大小的控制。

2）高端自举驱动电路。为保证 MOSFET 饱和导通，栅极与源极之间的压差应大于其开启电压 VGS（th），且栅极电压一般以地为参考点。在喷油器驱动线路中，高端 MOSFET 的栅极接电源，源极接喷油器。为此，需要设计一个高端自举驱动线路，以提高栅极的驱动电压，保证高端 MOSFET 的正常工作。

高端自举驱动电路主要包括：栅极驱动芯片、MOSFET、自举电容 C_2、自举二极管 D_2，如图 3-26 所示。

高端自举驱动电路的工作原理如下：

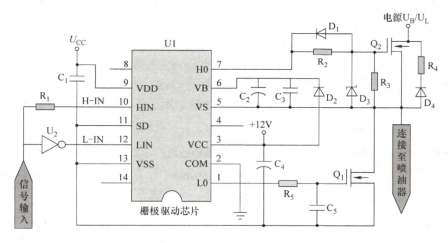

图 3-26 高端自举驱动线路

PWM 信号 H–IN 输入到栅极驱动芯片的高端信号输入引脚 HIN，其反相信号 L–IN 输入到低端信号输入引脚 LIN。当 HIN 引脚输入低电平、LIN 引脚输入高电平时，HO 输出为低电平，LO 输出为高电平，此时，MOSFET 管 Q_1 导通，由 +12V、D_2、C_2、Q_1、GND 构成的充电回路对自举电容 C_2 充电；当 HIN 引脚输入高电平、LIN 引脚输入低电平时，C_2 充电完毕，栅极驱动芯片的引脚 HO 与引脚 VB（C_2 正极）导通。此时，Q_2 栅源极电压高于其开启电压，高端 MOSFET 被打开，自举完成。此外，电阻 R_5 和电容 C_5 用于延时 LO 引脚信号输出，以防止高压端对地短路。

3）电流分段控制线路。

电流分段控制线路由基准电压设定线路 A 和电流反馈控制线路 B 组成。其中，电流传感器反馈电压 U_f 与喷油器驱动电流大小成正比，拾波和保持阶段驱动电流的大小则通过输出信号 S–IN 控制喷油器低压电源的通断来实现，如图 3-27 所示。

工作原理是：当 U_{ref} 大于 U_f 时，U1 输出高电平，与喷油脉宽信号和 PWM 信号相与后，S–IN 输出一个 PWM 信号，控制低压电源对喷油器供电，使电流不断上升，电流传感器反

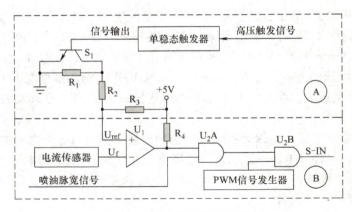

图3-27 电流分段控制线路

馈电压 U_f 也随着上升；当 U_f 大于 U_{ref} 时，U_1 输出低电平，与喷油脉宽信号和 PWM 信号相与后，S-IN 输出低电平，低压电源停止对喷油器供电，使电流下降，直到 U_f 小于 U_{ref}。不断重复上述动作，实现电流的反馈控制。

通过电流反馈和基准电压的共同作用实现了电流的分段控制。

如图 3-28 所示，迈腾 B8 轿车采用的是缸内高压直喷控制系统，为了达到规定的、可再现的燃油喷射过程，必须对具有复杂流动过程的高压喷油器进行控制。为此，发动机控制单元的 CPU 输出一个数字信号，发动机控制单元内部专用的组件根据此信号产生一个 HDEV（高压喷油器）控制信号控制喷油器的工作。

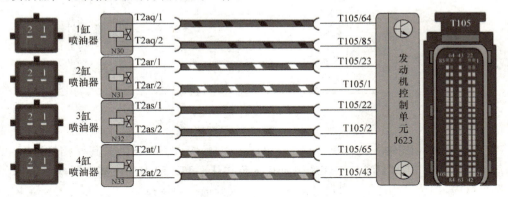

图3-28 高压喷射阀工作线路图

二、点火系统

发动机采用独立点火方式，即每个气缸都有一个单独的点火线圈，四个点火线圈共用正极电源和接地，发动机控制单元分别控制每个气缸点火线圈的工作，使各缸的性能达到最佳。

发动机根据输入的曲轴以及凸轮轴位置确定点火时间，并将此点火信号转化为占空比信号传输至独立点火线圈内的大功率管，大功率管断开初级线圈至发动机缸体上的接地线路，并在断开初级线圈瞬间，在次级绕组上产生感应电动势，高压电动势通过火花塞电极在气缸内放电,点燃气缸内混合气,推动活塞往复运行,通过曲轴转化为圆周运动,发动机运行,图3-29所示为发动机点火系统线路图。

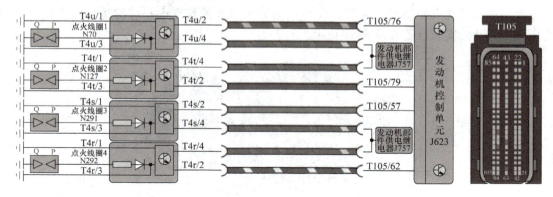

图3-29 发动机点火系统线路图

三、进、排气系统

发动机进气系统是把空气或混合气导入气缸的零部件集合体,其作用是测量和控制进入发动机的空气质量。为提高发动机的进气量,发动机采用涡轮增压技术、进气通道面积可变技术、气门升程控制技术。为实现对进入气缸的空气进行精准测量,系统安装了空气流量传感器、进气歧管压力传感器、节气门位置传感器、进气温度传感器;为监测涡轮增压器的增压效果,系统安装了增压压力传感器;为控制进入发动机内部的空气质量,系统安装了节气门、进气歧管翻板、废气旁通阀、涡轮增压器空气再循环阀。

汽车排气系统主要是排放发动机工作所排出的废气,同时使排出的废气污染减小,噪声减小。为减少废气污染,在排气管增加了三元催化转化器、氮氧催化转化器等催化转化装置;为了减少排放噪声,在排气管内安装了消声降噪装置,如图3-30所示。

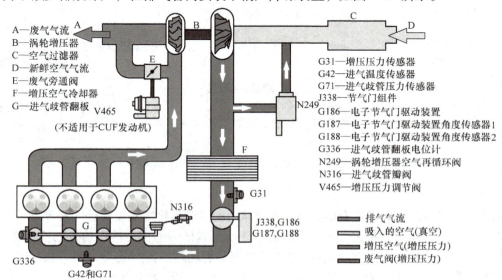

图3-30 进气系统结构图

1. 进气歧管压力/温度传感器

进气压力传感器的作用是监测节气门后方的进气歧管的绝对压力,并把压力信号转换成电压信号送至发动机控制单元 J623,作为控制基本喷油量和点火正时的重要参考信号。进气压力传感器的安装位置如图 3-31 所示。

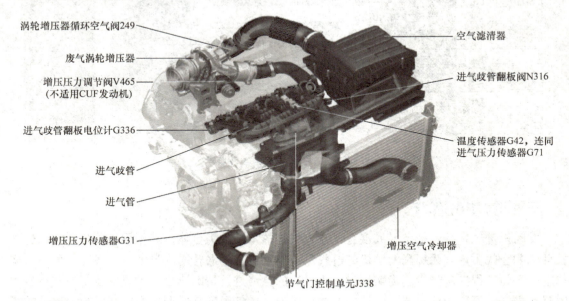

图 3-31 发动机进气压力/温度传感器安装位置

进气温度传感器的作用是监测进气温度,并把温度信号转变成电信号送至发动机控制单元 J623,作为计算空气密度的依据,对喷油量进行修正。图 3-32 所示为进气歧管压力/温度传感器与发动机控制单元之间的连接线路。

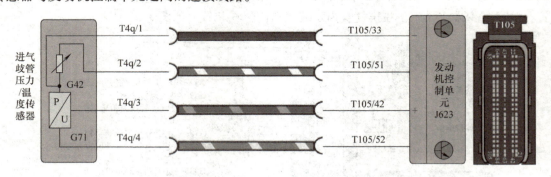

图 3-32 进气歧管压力/温度传感器与发动机控制单元之间的连接线路

2. 增压压力传感器

从图 3-30 和图 3-33 可以看出,空气通过滤清器、经涡轮增压加压后进入增压空气冷却器和节气门前,增压压力传感器将增压后的空气压力转换为电信号传递给发动机控制单元,发动机控制单元根据当前工况,通过 PWM 信号调节涡轮增压器空气再循环阀的开度,使增压后的空气压力(流量)符合当前工况需求,调节和冷却后的空气通过节气门进入进气歧管。同时,增压压力传感器中的进气温度传感器可以监测进气温度,把温度信号转变成电信号以后提供给发动机控制单元，进而监测增压冷却效果。

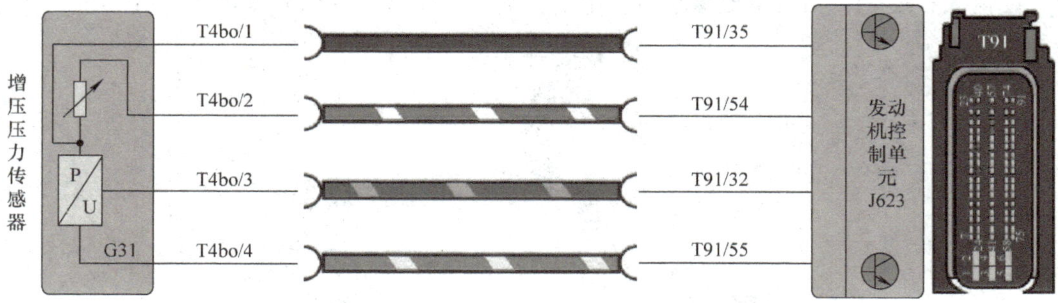

图 3-33　增压压力传感器与发动机控制单元之间的连接线路

3. 加速踏板位置传感器

驾驶人操纵加速踏板，加速踏板位置传感器产生相应的电压信号输入发动机控制单元，控制单元根据当前的工作模式、踏板移动量和变化率解析驾驶人意图，计算出对发动机转矩的基本需求，得到相应的节气门转角的基本期望值。然后再经过 CAN 总线和整车控制模块进行通信，获取其他工况信息以及各种传感器信号，如发动机转速、档位、节气门位置、空调能耗等，由此计算出整车所需求的全部转矩，通过对节气门转角期望值进行补偿，得到节气门的最佳开度期望值，并把相应的电压信号发送到驱动线路模块，驱动电动机使节气门达到最佳的开度位置。节气门位置传感器则把节气门的开度信号反馈给节气门控制单元，形成闭环控制，图 3-34 所示为加速踏板位置传感器发动机控制单元之间的连接线路图。

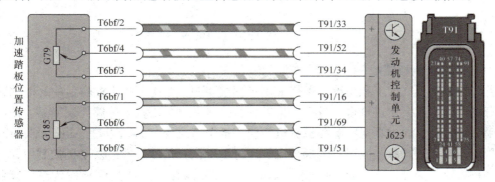

图 3-34　加速踏板位置传感器与发动机控制单元之间的连接线路图

加速踏板位置传感器实际上是两个位置传感器同时工作，当其中一个传感器失效时，定速巡航等失效；如果有一个传感器信号在怠速位置能保持一段时间，车辆还可以继续驾驶，但加速会很慢；如果两个传感器均失效，发动机会处于高怠速（1000r/min 左右）运行，此时踩加速踏板，发动机无反应。

4. 节气门体

发动机节气门体由两个位置传感器和一个直流电动机组成，直流电动机采用脉冲宽度调制（PWM）技术进行控制，如图 3-35 所示。控制模块通过调节脉宽调制信号的占空比来控制直流电动机转角的大小，电动机方向则是由和节气门相连的回位弹簧控制的。电动机输出转矩和脉宽调制信号的占空比成正比。当占空比一定，电动机输出转矩与回位弹簧阻力矩保持平衡时，节气门开度不变；当占空比增大时，电动机驱动力矩克服回位弹簧阻力矩，节气门开度增大；反之，当占空比减小时，电动机输出转矩和节气门开度也随之减小。

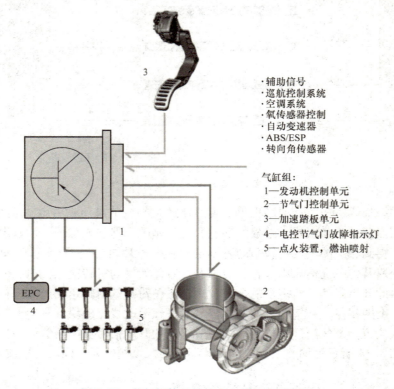

图 3-35　节气门体的结构和工作原理示意图

5. 进气歧管翻板控制阀

进气歧管翻板在大多数情况下保持关闭（封住下进气道）。发动机控制单元根据转矩和负荷变化，确定需要对进气模式进行转换时，就会接通进气翻板电磁阀控制线路，使阀门动作，接通真空源，通过真空膜盒和机械机构使翻板角度改变（接通下进气道），从而改变进气道面积，增大进气量。同时进气翻板电位计将翻板位置角度反馈给发动机控制单元，作为闭环控制的依据信号，图 3-36 所示为发动机进气翻板位置图，图 3-37 所示为进气歧管风门电磁阀与控制单元之间的连接电路图，图 3-38 所示为进气翻板电位计与发动机控制单元之间的连接线路。

6. 涡轮增压器空气再循环阀

涡轮增压器空气再循环阀的作用是在减速的时候，使增压后的部分空气返回到增压器前方，防止中冷器增压的空气太多而损坏，即让增压后的气体继续循环，图 3-39 所示为涡轮增压器空气再循环阀与发动机控制单元之间的连接线路。

7. 增压压力限制电磁阀

增压压力限制电磁阀的作用是控制废气流经涡轮的废气量，进而控制增压压力。当阀门关闭时，有更多的空气流过增压器，增压效果就会明显，发动机的进气量就会增大，图3-39所示为增压压力限制电磁阀与发动机控制单元之间的连接线路。

任务3　发动机运行异常的故障诊断与排除

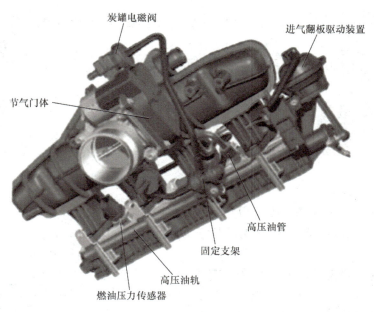

图 3-36　发动机进气翻板位置图

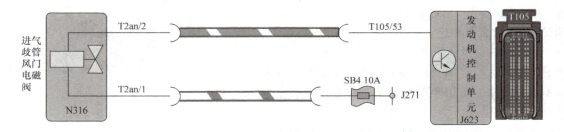

图 3-37　进气翻板控制电磁阀与发动机控制单元之间的连接线路

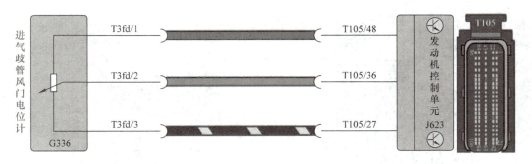

图 3-38　进气翻板电位计与发动机控制单元之间的连接线路

8. 废气涡轮增压器

废气涡轮增压器是一种空气压缩机，通过压缩空气来增加进气量。它利用发动机排出的废气惯性冲力来推动涡轮，涡轮又带动同轴的叶轮，叶轮压送由空气滤清器管道送来的空气，使之增压进入气缸。进入气缸的空气压力和密度增大，可以燃烧更多的燃料，相应增加

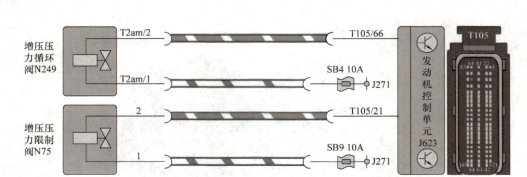

图 3-39　涡轮增压器空气再循环阀与发动机控制单元之间的连接线路

燃料量和调整发动机的转速，就可以增加发动机的输出功率，图 3-40 所示为废气涡轮增压器剖视图。

废气涡轮增压器主要由涡轮机和压气机等组成。它将发动机排出的废气引入涡轮机，利用废气的能量推动涡轮机旋转，由此驱动与涡轮同轴的压气机实现增压。涡轮机进气口与发动机排气歧管相连，排气口则接在排气管上；压气机进气口与空气滤清器相连，排气口则接在进气歧管上。

9. 电子气门升程切换

通过排气凸轮轴上的电子气门升程切换（AVS）技术，可以实现对每个气缸气体交换的优化控制。

1）较低发动机转速范围内的调节，如图 3-41 所示。

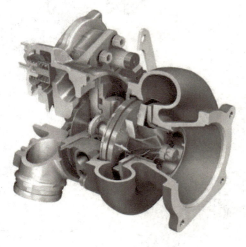

图 3-40　废气涡轮增压器剖视图

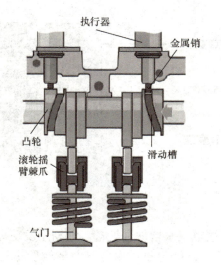
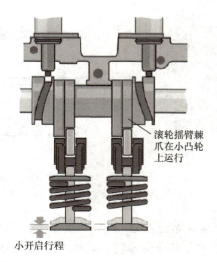

图 3-41　发动机低转速时的调节

为了使低速小负荷范围内的气体交换性能更佳，一方面，发动机管理系统通过凸轮轴调节器将进气凸轮轴提前，将排气凸轮轴延迟；另一方面，随着凸轮轴的转动，右侧执行器金属销伸出，与滑动槽接合，将凸轮件向左移至小凸轮轮廓，这时气门升程就切换至更小的排气凸轮轮廓，气门沿着较小的气门轮廓上下移动，从而可在低转速范围达到较高的增压压力。

2）加速时的调节，如图3-42所示。

为使加速时气缸内的气体交换适应更高的性能需求，一方面发动机管理系统通过凸轮轴调节器将进气凸轮轴提前，将排气凸轮轴延迟；另一方面，为达到最佳的气缸填充性能，排气门需要最大的气门升程，以提高排气压力。为了实现此目的，左执行器被起动，凸轮向右移动，切换至大凸轮轮廓。此时，排气门以最大的升程打开和关闭。

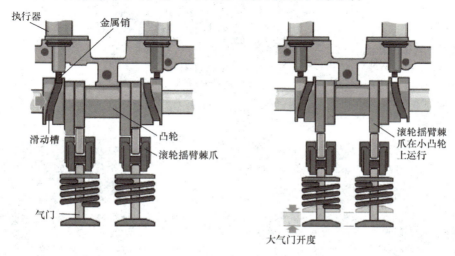

图3-42　发动机部分负荷和全负荷时的调节

如果一个执行器发生故障，则无法再执行气门升程切换功能。在这种情况下，发动机管理系统会尝试将所有气缸切换为最近成功的一次气门升程。

如果所有气缸可切换至小的气门升程位置：

1）发动机转速限制在4000r/min，故障存储器中会记录故障。

2）EPC警告灯亮起。

如果所有气缸可切换到大的气门升程位置：

1）故障存储器中也会存储故障。

2）在这种情况下，不限制发动机转速，且EPC灯不亮起。

10. INA凸轮轴调节控制

发动机控制单元通过脉宽调制（PWM）信号控制电磁线圈，进而操作凸轮轴位置执行器进油和排油。脉宽调制占空比越高，凸轮轴正时的改变越大。施加于固定叶片提前侧的机油压力越大，使凸轮轴顺时针方向旋转的角度越大，如图3-43所示。

图3-44所示为INA凸轮轴调节过程，凸轮轴最大的调节量：

1）进气凸轮轴为52°曲轴角。

2）排气凸轮轴为42°曲轴角。

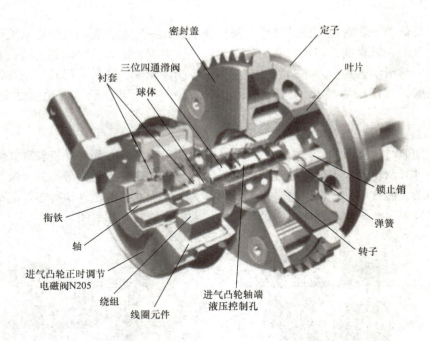

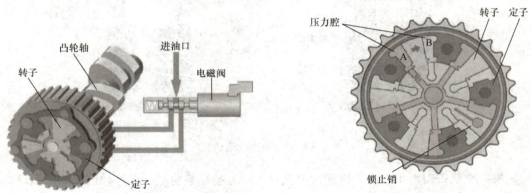

图 3-43 INA 凸轮轴调节系统结构和原理

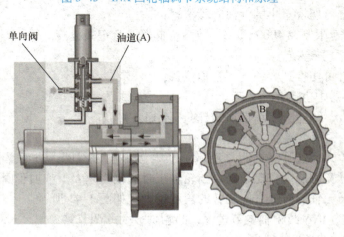

a) 凸轮轴正时调节-提前

图 3-44 INA 凸轮轴调节过程

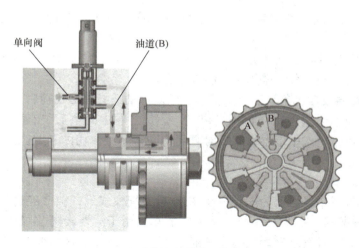

b) 凸轮轴正时调节－延迟

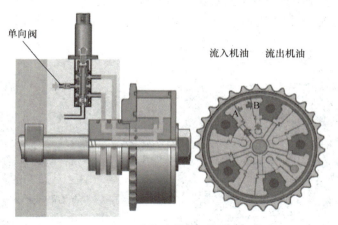

c) 凸轮轴正时调节－控制

图 3-44　INA 凸轮轴调节过程（续）

表 3-2 提供了常规行驶条件下的凸轮轴相位指令：

表 3-2　常规行驶条件下的凸轮轴相位指令

行驶条件	凸轮轴位置的改变	目标	结果
急速	不作更改	将气门重叠角降至最小	急速转速稳定
发动机轻载	延迟气门正时	减少气门重叠角	发动机输出稳定
发动机中等负荷	提前气门正时	增加气门重叠角	燃油经济性提高、排放降低
重载高转速	延迟气门正时	延迟气门关闭	发动机输出提高

四、发动机进气、燃烧模式

FSI 发动机采用的是类似柴油机工作方式，将高压汽油直接喷入气缸爆发燃烧以获得动力。相对于传统的汽油发动机而言，采用这种工作方式后由于汽油直接喷入每一个气缸，结合稀薄燃烧技术，使汽油直喷发动机在部分负荷范围内采用专门的充气模式来工作成为现实。

现在的FSI发动机具有三种工作方式：分层充气模式、均质稀混合气模式、均质混合气模式。在不同的工况下，分别采用不同的空燃比。

FSI发动机按照发动机负荷工况，基本上可以自动选择在低负荷时为分层稀薄燃烧，在高负荷时则为均质理论空燃比（14.6~14.7）燃烧。在中间负荷状态时，采用均质稀混合气模式。在三种运行模式中，燃料的喷射时间不同，真空作用的开关阀通过开启/关闭来控制进气气流的形态。

1. 分层充气模式

在这种工作模式中空燃比为1.6~3。在分层充气模式下，空气经过接近全开的节气门（节气门不能完全打开，因为总是得保持一定的真空用于活性炭罐装置和排气再循环装置）引入燃烧室。此时，进气歧管翻板会将下部进气道完全关闭，这样吸入的空气在上部进气道流动的速度就加快了，于是空气会呈旋涡状流入气缸内，如图3-45、图3-46所示。活塞上的凹坑会增强这种旋涡流动效果，与此同时，节气门会进一步打开，以便尽量减小节流损失。

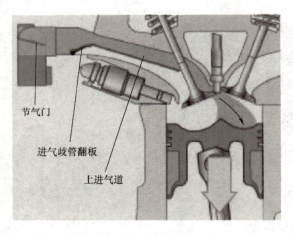
图3-45　进气状态

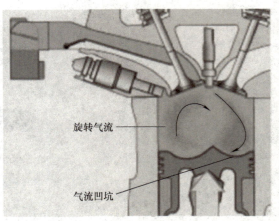
图3-46　气流流动方式

在压缩行程上止点前约60°时，高压燃油以50~110bar的压力喷入到火花塞附近，如图3-47、图3-48所示。燃油的喷射时刻对混合气的形成有很大的影响，混合气形成只发生在40°~50°曲轴角之间，如果曲轴角小于这个范围就无法点燃混合气，如果曲轴角大于这个范围混合气就变成均质混合气了，如此稀薄的均质混合气是无法点燃的。

由于燃油喷射角非常小，所以燃油雾气实际并不与活塞顶接触，所以称之为所谓的"空气引入"方式，并且只在火花塞附近聚集了具有良好点火性能的混合气，这些混合气在压缩行程中被点燃，如图3-49所示。

另外，在燃烧后被点燃的混合气与气缸壁之间会出现一个隔离用的空气层，如图3-50所示，它的作用是降低通过发动机缸体散发掉的热量，提高了热效率。

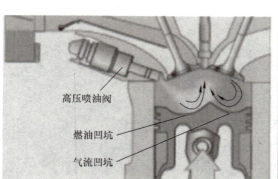
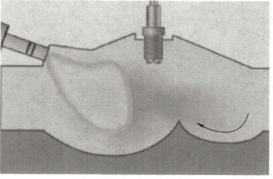

图 3-47　喷射时间　　　　　　图 3-48　喷射位置

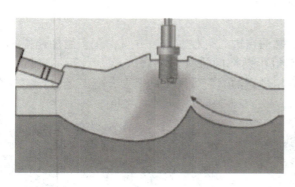

图 3-49　混合气形成

分层充气模式并不是在整个特性曲线范围内都能实现的。特性曲线范围受到限制，这是因为当负荷增大时，需要使用较浓的混合气，燃油消耗方面的优势也就随之下降了。当空燃比小于 1.4 时，燃烧稳定性就变差了，这是因为转速升高后，混合气准备时间不足，且空气的旋涡流动也对燃烧稳定性产生不良的影响。

2. 均质稀混合气模式

这种工作模式的空燃比为 1.55 左右，在这种工作模式下也和分层充气一样是节气门开度大，进气歧管关闭，如图 3-51 所示。

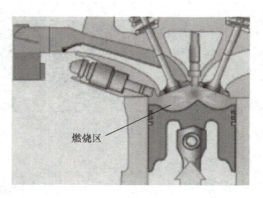

图 3-50　混合气燃烧

只不过是在上止点前 300°左右时喷入燃油，形成混合气的时间也就比较长，有利于形成均匀的稀混合气，此种工作模式称为均质稀混合气模式，如图 3-52 所示。

均质稀混合气模式是一种特殊的工作模式，和分层充气模式一样也只能在一定的转速范围内正常工作，如图 3-53 所示，并且还需要满足下列条件：

1）没有与排放系统有关的故障。

2）冷却液温度必须超过 50℃。

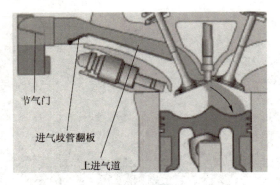

图 3-51 进气状态

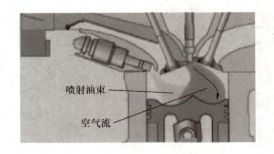

图 3-52 喷油时间

3）氮氧化物催化转化器的温度为 250～500℃。
4）进气道翻板必须保持在关闭状态。

均质稀薄燃烧，在这种运行模式中，燃油在进气行程喷射，并且由于产生加速稀薄混合气燃烧的纵涡流，开关阀被关闭。这时，阻碍燃烧的排气再循环（EGR）暂不进行。与均质理论空燃比燃烧不同的是，吸入空气量超过燃油喷射量燃烧的需要，此时的过量空气系数大于 1，如图 3-54 所示。

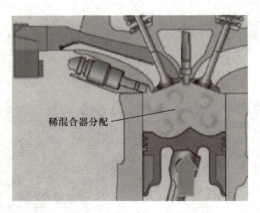

图 3-53 混合气形成

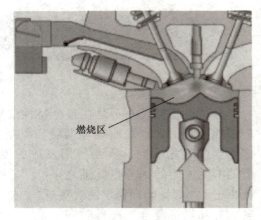

图 3-54 混合气燃烧

3. 均质混合气模式

节气门开度按照加速踏板的位置来控制，在发动机负荷较大且转速较高时，进气歧管翻板就会完全打开，于是吸入的空气就经过上、下进气道进入气缸，如图 3-55 所示。

燃油喷射并不是像分层充气模式那样在压缩行程时发生，而是发生在进气行程中，这样燃油和空气就有了更充足的时间来混合，并且可以利用空气的流动旋转的涡流来击碎油滴，使之混合更加充分，如图 3-56 所示。

均质模式的优点是燃油直接喷入燃烧室内，而吸入的空气可抽走一部分燃油汽化时所产生的热量。这种内部冷却可以降低爆燃趋势，因此可以提高发动机的压缩比和热效率，如图 3-57 所示。在高负荷中所进行的均质理论空燃比燃烧中，燃油则是在进气行程中喷射。理论空燃比的均质混合气易于燃烧，不必借助涡流作用，由于进气阻力减少，开关阀会打开。

而在全负荷以外,进行排气再循环,限制泵吸损失,采用直喷化可使压缩比提高到12:1,即使在均质理论空燃烧比混合气燃烧中,仍能降低油耗。

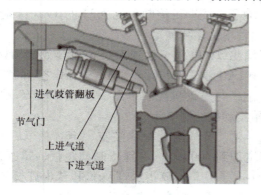

图 3-55　进气状态

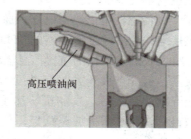

图 3-56　喷油、进气状态

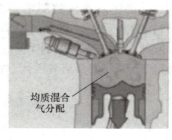

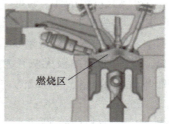

图 3-57　混合气形成与燃烧

3.2　加速踏板位置传感器常见故障的诊断与排除

加速踏板位置传感器的作用是监测驾驶人的意图,并将加速踏板的动作转变成电信号输送给发动机控制单元,作为控制节气门驱动电动机转动的主要参考信号。如果该传感器信号出现故障,将造成发动机失控,导致发动机怠速及加速故障。

图 3-58 所示为加速踏板位置传感器线路原理图,从中可以看出,传感器由两个传感器组成,分别有各自的供电电源、接地和信号线路。

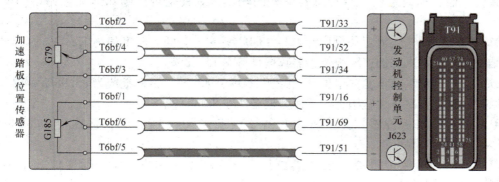

图 3-58　加速踏板位置传感器线路原理图

发动机控制单元 J623 通过 T91/33 端子输出 5V 电源至加速踏板位置传感器 G79 的 T6bf/2 端子，为传感器提供参考电压；通过 T91/34 端子与传感器 T6bf/3 端子之间的线路为传感器提供接地；最后经过传感器的 T6bf/4 端子与发动机控制单元 J623 的 T91/52 端子之间的线路为将反映加速踏板的位置信息输送给发动机控制单元。

发动机控制单元 J623 通过 T91/16 端子输出 5V 电源至加速踏板位置传感器 G185 的 T6bf/1 端子，为传感器提供参考电压；通过 T91/51 端子与传感器 T6bf/5 端子之间的线路为传感器提供接地；最后经过传感器的 T6bf/6 端子与发动机控制单元 J623 的 T91/69 端子之间的线路为将反映加速踏板的位置信息输送给发动机控制单元。

故障现象：打开点火开关，仪表显示无异常，节气门处有"吱吱"声。着车后，EPC 灯长亮，松开制动踏板后，发动机转速迅速增加到 4000r/min，踩下制动踏板，转速下降，发动机轻微抖动；此时踩下加速踏板，仪表中电子驻车故障指示灯及 ESP 警告灯长亮，且转速下降至 800r/min 左右，再次踩加速踏板，转速不会提高，节气门没有动作。

故障分析：
打开点火开关，节气门处能听到"吱吱"声，说明发动机控制单元进行了节气门的自检；如果在着车后，EPC 警告灯熄灭，说明节气门自检通过。着车时发动机转速迅速上升，说明节气门突然打开，造成进气量突然增加，但此时并未踩下加速踏板；当操作加速踏板时，发动机转速异常，说明加速踏板无法正常控制节气门的开启和关闭。故障可能在于由加速踏板、发动机控制单元、节气门体组成的动力控制系统内。

诊断思路：
第一步：扫描网关，读取故障代码。
如果有相关故障代码提示，就按照故障代码的提示进行诊断，如果没有相关故障代码提示，则需要分析故障现象，读取相关的数据流和尾气排放数值，发现异常数据，实施诊断。

1）着车后不踩加速踏板，扫描网关，读取故障代码，会读到以下故障代码：08482，加速踏板位置传感器信号太小。

2）踩下加速踏板后扫描网关，读取故障代码，会读到到以下故障代码：
① 08482，加速踏板位置传感器信号太小。
② 08488，节气门/踏板位置传感器 2 信号过大。

第二步：读取加速踏板及节气门位置传感器的相关数据。
打开点火开关，慢慢踩下加速踏板再松开加速踏板，多次反复操作，用解码器测量节气门位置传感器、加速踏板位置传感器信号的输出，观察是否能随加速踏板的动作而正常变化。

01 - 62/1：节气门角度（电位计1）：25.00%→15.62%，标准值为 15.62%→87.10%，测试结果异常，再次踩加速踏板传感器数据维持在 15.62%。

01 - 62/2：节气门角度（电位计2）：74.60%→83.98%，标准值为 83.98%→12.10%，测试结果异常，再次踩加速踏板传感器数据维持在 83.98%。

01 - 62/3：踏板传感器角度（电位计1）：7.42%→44.92%，标准值为 14.84%→89.06%，测试结果异常。

01 - 62/4：踏板传感器角度（电位计2）：14.84%→89.06%，标准值为 7.42%→44.92%，测试结果异常。

通过测量值和现象可以看出,节气门信号和预期的正好相反,而加速踏板位置传感器的两个信号看似互换,而后者的异常会导致前者动作紊乱,因此应从踏板位置传感器的信号输入是否正常开始诊断。

由于解码器显示的数据流是通过换算以后显示的,因此显示结果可能还与控制单元的换算是否正确有关,因此最好还是通过测量控制单元相应端子的输入电压来进一步确认故障范围。

第三步:检查加速踏板角度传感器的信号输入(J623端),以验证数据流的真实性。

打开点火开关,慢慢踩下加速踏板再松开加速踏板,多次反复操作,用示波器分别测量发动机控制单元的 T91/52、T91/69 端子对地波形,在正常情况下,应测得以下标准波形(图3-59左侧波形),否则说明存在故障,可参照表 3-3 中的思路进行诊断。

表 3-3　J623 的 T91/52 信号对地电压测试

可能性	测试条件	实测结果	状态	分析及操作
1	未踩加速踏板	0.72V	正常	如果解码器数据流显示传感器数据错误,则说明 J623 存在故障
	踏板匀速踩下	0.72~3.99V		
2	未踩加速踏板	0V	异常	信号输出故障或信号线对地短路,检查信号电路对地电阻
	踏板匀速踩下	0V		
3	未踩加速踏板	始终约为 3.99V 或 5.0V	异常	信号输出故障或信号线对正极短路,检查信号线路对 5.0V 的电阻
	踏板匀速踩下			
4	未踩加速踏板	明显低于 0.72V	异常	信号输出故障或踏板安装错误,检查传感器电源和接地电路
	踏板踩下后	明显低于 3.99V		
5	未踩加速踏板	明显高于 0.72V	异常	
	踏板踩下后	明显高于 3.99V		

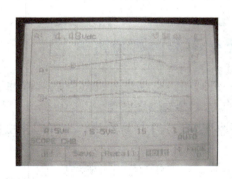 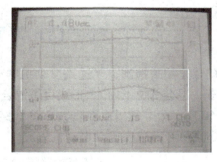

图 3-59　T91/52、T91/69 端子对地波形

实际测得的波形如图 3-59 右侧波形所示。通过比对发现,T91/52 端子实际对地波形和 T91/69 端子的标准对地波形相同,T91/69 端子实际对地波形和 T91/52 端子的标准对地波形相同,说明故障可能在于:

1)加速踏板位置传感器与发动机控制单元之间连接电路故障。
2)加速踏板位置传感器自身故障。

第四步:检查加速踏板角度传感器的信号输出(传感器端)。

打开点火开关,慢慢踩下加速踏板再松开加速踏板,多次反复操作,用示波器分别测量加速踏板位置传感器的 T6bf/6、T6bf/4 端子对地波形,在正常情况下,应测得图 3-59 左侧的标准波形,否则说明存在故障。

实际测试结果正常,说明线束接错,对调线束后,可以清除故障代码,发动机性能恢复正常。

故障机理:

两根信号线接错,导致当踩下加速踏板时超过了设定值,故出现信号过大/信号过小的故障码。发动机控制单元收到了不可靠的加速踏板信号,因此不会控制节气门电动机的工作,所以当形成故障代码后,加速踏板功能失效。

练习题:请指导老师在表 3-4 中选择合适的故障点,要求学生完成并填写诊断报告。

表 3-4 加速踏板位置传感器及其线路常见的故障

序号	故障性质
1	加速踏板位置传感器 T6bf/4 端子对应的信号线路断路
2	加速踏板位置传感器 T6bf/4 端子对应的信号线路虚接
3	加速踏板位置传感器 T6bf/4 端子对应的信号线路对地短路
4	加速踏板位置传感器 T6bf/4 端子对应的信号线路对参考电压短路
5	加速踏板位置传感器 T6bf/2 端子对应的参考电源线路断路
6	加速踏板位置传感器 T6bf/2 端子对应的参考电源线路虚接
7	加速踏板位置传感器 T6bf/3 端子对应的接地线路断路
8	加速踏板位置传感器 T6bf/3 端子对应的接地线路虚接
9	加速踏板位置传感器损坏(传感器)
10	发动机控制单元 J623 自身损坏(局部)

3.3 节气门体常见故障的诊断与排除

节气门体是用来控制空气进入发动机的一道阀门,空气进入进气管后和汽油混合(不同款式的车,混合部位不同),形成可燃混合气体,参与燃烧做功。

图 3-60 所示为节气门控制模块 GX3 线路原理图,从中可以看出,节气门体主要由两个位置传感器和一个节气门驱动电动机组成。

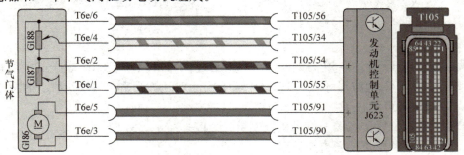

图 3-60 节气门控制模块 GX3 线路原理图

两个节气门位置传感器共用一个参考电压和接地线路,两个传感器分别将信号输送给发动机控制单元,本节仅讲述节气门位置信号 G188 的测量,节气门位置信号 G187 除了信号特点有所不同外,即两个传感器的输出信号反向互补线性变化,随着节气门的开度增大,G188 的信号电压逐渐降低,而 G187 的信号电压逐渐上升,别的均相同。节气门电动机的 T6e/5 端子直接与发动机控制单元 J623 的 T105/91 端子相连,并通过节气门电动机的 T6e/3 端子回到发动机控制单元 J623 的 T105/90 端子构成回路。节气门控制信号采用 PWM 信号进行控制,只有在两个传感器同时给发动机控制单元 J623 提供准确信号时,节气门翻板才会工作。

因此对节气门体的检查就应该包含两方面内容:
1)传感器信号及线路的检查。
2)节气门驱动电动机及线路的检查。

故障现象:

起动后,仪表板上的 EPC 灯长亮,加速时,发动机转速不能达到 1800r/min;大约 20s 后尾气排放故障警告灯闪烁,再次起动后排气故障警告灯长亮(也可以描述为"起动后排气故障指示灯长亮")。

故障分析:

发动机怠速基本正常,而在加速时转速不能超过 1800r/min,说明在加速过程中发动机功率不能跟进,这与加速时的混合气的质量和燃烧效果不合要求有关,故障原因可能为:
1)进气量没有随加速而增大。
2)喷油量没有随加速而增大。
3)点火系统故障。

诊断思路:

第一步:扫描网关,读取故障代码。

打开点火开关,用解码器读取故障代码,发现有以下故障代码:
1)05445 节气门控制:功能失效。
2)05464EPV 节气门驱动 – G186 电路电气故障。
3)08454 节气门控制单元 – J338:由于系统故障功率受限。
4)05445 节气门控制:功能失效。

通过以上故障代码可以看出,发动机控制单元 J623 无法控制节气门驱动电动机 G186 的运行,而这也会造成发动机无法加速,因为可以围绕该故障代码反映的故障可能进行诊断。

第二步:读取节气门位置传感器的数据值,验证故障代码的真实性。

打开点火开关,慢慢踩下加速踏板再松开加速踏板,多次反复操作,用解码器测量节气门位置传感器两个信号的输出,观察是否能随加速踏板的动作而正常变化。

01 – 62/1:节气门角度(电位计1) 16.01%→16.01%
01 – 62/2:节气门角度(电位计2) 83.59%→83.59%
01 – 62/3:踏板值传感器角度(电位计1)14.84%→80.46%
01 – 62/4:踏板值传感器角度(电位计2)7.42%→40.23%

通过以上数据流可以看出,加速踏板输出了正常的信号,而节气门并没有相应转动,可能故障原因为:

1）节气门驱动电动机 G186 故障。
2）发动机控制单元 J623 与节气门驱动电动机 G186 之间的电路故障。
3）发动机控制单元 J623 故障。

第三步：测量节气门驱动电动机的驱动信号。

打开点火开关，慢慢踩下加速踏板，可以多次反复，用示波器测量节气门体上电气连接器 T6e/5 端子、T6e/3 端子之间的相对信号波形，在正常情况下，发动机控制单元 J623 会发出 0V 到 +B 之间的方波脉冲信号，否则说明存在故障，可参照表 3-5 进行诊断。

表 3-5　节气门体 T6e/5 端子和 T6e/3 端子之间的波形测试

可能性	实测结果（波形）	状态	操作
1		正常	在节气门体运行异常的情况下考虑更换节气门
2		异常	说明节气门驱动电动机没有接收到驱动信号，可能是 J623 或其电路存在故障
3		异常	说明 J623 与节气门驱动电动机之间的线路虚接，应进行线路导通性检查

注意：在节气门打开的过程中，发动机控制单元通过节气门体上的电气连接器 T6e/5 端子向驱动电动机提供蓄电池正极稳态电压，通过 T6e/3 端子向驱动电动机提供脉冲搭铁信号，以此驱动节气门打开；而在节气门关闭的过程中，发动机控制单元通过节气门体上的电气连接器 T6e/5 端子向驱动电动机提供蓄电池负极稳态电压，通过 T6e/3 端子向驱动电动机提供脉冲电源信号，以此驱动节气门关闭。如果知道以上控制理论，也可以在节气门打开的时候，测量 T6e/3 端子对地的信号波形，同样可以反映控制过程，但波形会有所不用。

实测结果为表 3-5 所示的波形。通过比对，发现信号波形异常，可能原因为节气门电动机驱动线路有虚接的故障，但无法确定是哪根。

说明：发动机控制单元输出稳定的电压信号，但由于节气门驱动电动机实质上是一个电感元件，在通电的过程中会产生反向电动势，最初阶段电路电流几乎为 0A，虚接电阻几乎没有分压，所以电动机两端还可以检测到 +B 电压；随着时间的延长，反向电动势越来越低，电路中的电流越来越大，虚接电阻的分压也越来越高，导致电动机两端的电压逐渐下降；当反向电动势降低为 0V，电路中的电流趋于稳定，虚接电阻的分压也固定下来，电动机两端的电压也就可以保持一个稳定的状态；当发动机控制单元中断电压输出时，电路中的电流突然降低为 0A，电动机内的线圈会产生与之前相位相反的反向电动势，随着时间的延长，反向电动势越来越小。

第四步：分别测量节气门电动机 T6as/3、T6as/5 端子对地波形。

打开点火开关，慢慢踩下加速踏板再松开加速踏板，多次反复操作，用示波器分别测量节气门体上电气连接器 T6as/3、T6as/5 两个端子的对地信号波形，在正常情况下，T6as/5 端子对地电压为蓄电池正极电压，T6as/3 端子应可以检测到 0V 和蓄电池正极电压之间的方波脉冲信号，测试及分析方法见表 3-6。

注意：可能很难有资料能明确 T6as/3、T6as/5 两个端子的管脚定义，如果不能确定，可以采用模糊表述，例如一个端子为蓄电池正极电压，另一个端子为 0V 和蓄电池正极电压之间的方波脉冲电压，也可以测量另外一个运行正常的同类型车辆获得管脚定义。

表 3-6 节气门体 T6as/3 端子对地波形测试

可能性	实测结果（波形）	状态	说明及操作
1		正常	结合上一步测试结果，说明测试点到 J623、J623 内部存在虚接，进一步检查线路导通性

（续）

可能性	实测结果（波形）	状态	说明及操作
2	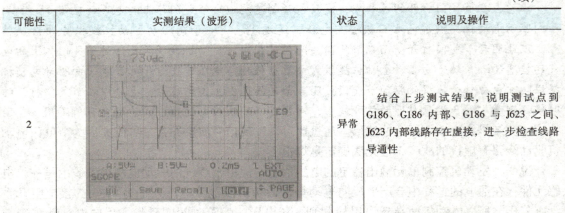	异常	结合上步测试结果，说明测试点到 G186、G186 内部、G186 与 J623 之间、J623 内部线路存在虚接，进一步检查线路导通性

实测结果：T6as/5 端子在打开点火开关时，有 0V→+B 的切换过程如图 3-61a 所示，说明 T6as/5 端子和发动机控制单元之间线路基本正常；而 T6as/3 端子对地波形如图 3-61b 所示，明显异常，这说明：

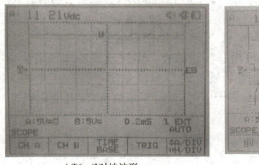
a) T6as/5对地波形

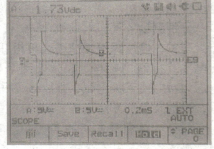
b) T6as/3对地波形

图 3-61 节气门驱动电动机端子对地波形

1）测试点到节气门体之间线路存在虚接。
2）节气门体内电动机线路存在虚接。
3）J623 的 T105/90 与节气门驱动电动机 G186 的 T6as/3 之间的电路存在虚接故障。
4）发动机控制单元 J623 内部电路虚接。

第五步：测量 J623 的 T105/90 端子对地波形。

打开点火开关，慢慢踩下加速踏板再松开加速踏板，多次反复操作，用示波器分别测量发动机控制单元电气连接器 T105/90 端子的对地信号波形，在正常情况下，T105/90 端子应可以检测到 0V 和蓄电池正极电压之间的方波脉冲信号，否则说明存在故障，可参考表 3-7 进行诊断。

实测结果波形正常，结合上步测试结果，说明节气门电动机 T6as/3 端子到控制单元 T105/90 脚之间线路虚接，检修电路后故障排除。

第六步：节气门体的 T6e/3 端子和 J623 的 T105/90 端子之间线路的导通性，见表 3-8。

表 3-7　J623 的 T105/90 端子对地波形测试

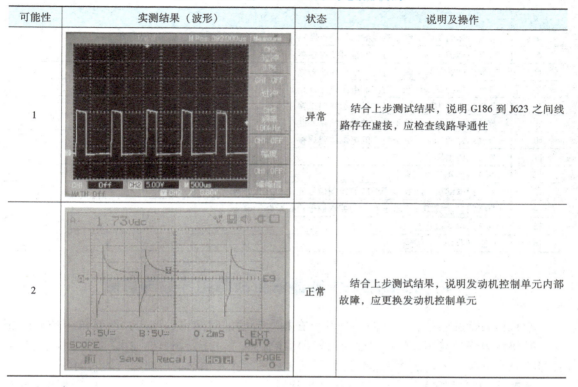

可能性	实测结果（波形）	状态	说明及操作
1		异常	结合上步测试结果，说明 G186 到 J623 之间线路存在虚接，应检查线路导通性
2		正常	结合上步测试结果，说明发动机控制单元内部故障，应更换发动机控制单元

关闭点火开关，拔掉 J623 的 T105 插接件、节气门电动机的 T6e 插接件，用万用表测量节气门体的 T6e/3 端子和 J623 的 T105/90 端子之间线路的电阻，应近乎为 0Ω，否则说明存在故障，可参照表 3-8 进行诊断。

表 3-8　节气门体的 T6e/3 端子和 J623 的 T105/90 端子之间线路的导通性测试

可能性	实测结果	状态	可能原因	操作
1	小于 2Ω	正常	插接件故障	检修插接件
2	无穷大	异常	线路断路	维修线路
3	大于 5Ω	异常	线路虚接	维修线路

实测结果为节气门体的 T6e/3 端子和 J623 的 T105/90 端子之间线路存在 20Ω 的电阻，修复后故障排除。

故障机理：

由于节气门体的 T6e/3 端子和 J623 的 T105/90 端子之间线路存在虚接，导致节气门驱动电动机功率不足，节气门无法正常打开，出现上述故障现象。

练习题：请指导老师在表 3-9 中选择合适的故障点，要求学生完成并填写诊断报告。

表 3-9　节气门位置传感器线路异常常见故障

序号	故障性质
1	节气门体的 T6e/4 端子对应的信号线路断路
2	节气门体的 T6e/4 端子对应的信号线路虚接
3	节气门体的 T6e/4 端子对应的信号线路短路

(续)

序号	故障性质
4	节气门体的 T6e/1 端子对应的信号线路断路
5	节气门体的 T6e/1 端子对应的信号线路虚接
6	节气门体的 T6e/1 端子对应的信号线路短路
7	节气门体的 T6e/2 端子对应的电源线路断路
8	节气门体的 T6e/2 端子对应的电源线路虚接
9	节气门体的 T6e/6 端子对应的电源线路断路
10	节气门体的 T6e/6 端子对应的电源线路虚接
11	节气门体损坏（传感器）
12	J623 自身损坏（局部）
13	节气门电动机 T6e/5 端子对应的控制信号线路断路、虚接
14	节气门电动机 T6e/3 端子对应的控制信号线路断路、虚接
15	节气门电动机自身故障
16	J623 自身损坏（局部）

3.4 燃油压力传感器常见故障的诊断与排除

油轨压力传感器是以足够高的精度，在相对较短的时间内，测定共轨系统中的实时压力，并将压力信号转变成电信号输送给发动机控制单元，作为调节燃油系统压力的主要参考信号。在有的车型上，油轨压力传感器的信号还用于决定喷油器的喷油持续时间。

迈腾 B8 双喷射系统有两个燃油压力传感器，一个安装在高压油轨上，用于监测高压系统的压力并控制压力调节器的工作；另一个安装在低压油路中，用于监测低压系统的压力，用于调整低压油泵的转速。如果燃油压力传感器信号出现故障，将造成燃油系统压力发生变化，影响发动机的运行性能。

图 3-62 所示为高压燃油系统压力传感器线路原理图，从中可以看出，发动机控制单元 J623 通过其 T105/68 端子输出 5V 电源至传感器的 T3n/3 端子，作为传感器的参考电压；通过其 T105/11 端子为传感器 T3n/1 端子提供接地；最后经过其 T3n/2 端子与 J623 的 T105/49 端子之间的线路向发动机控制单元输出与压力相关的电压参数。

图 3-62 高压燃油系统压力传感器线路原理图

注意：在燃油传感器 G247 的 T3n/2 端子与 J623 的 T105/49 端子之间的线路处于断路时，J623 的 T105/49 端子会发出 5V 的参考电压。

故障现象：

发动机怠速运转正常，但踩加速踏板加速时，发动机转速不能超过3000r/min，发动机故障指示灯亮。

注意：在设置某些高压燃油系统压力传感器故障时，需要设置一些让所有低压喷油器停止工作的相关故障，但不可影响其他部件的运行。因为按照系统设计原理，如果仅仅设置高压燃油系统压力传感器故障，在发动机起动时会因为高压系统压力不正常，而影响发动机起动性能，但不会导致发动机无法起动，待发动机起动后，如果高压系统故障造成高压喷油器不能正常工作，那低压喷油器会替补作为主要喷油装置而保证发动机运行，所以仅仅设置某些高压燃油系统压力传感器故障，之后可能只会稍微影响发动机的起动性能。

故障分析：

发动机加速到3000r/min的时候，转速再也不能上升，说明发动机功率可能达到了极限，或者出现了超速断油的现象，而后者不符合原车的实际情况，因此可以判定发动机功率达到极限，可能原因为：进排气系统、燃油系统、点火系统、电控系统故障。

诊断过程：

第一步：扫描网关，读取故障代码。

打开点火开关，用解码器读取故障代码，发现有以下故障代码：

00400：燃油压力传感器电路电气故障。

通过故障代码定义可以看出，发动机控制单元接收到不正常的传感器信号，这一方面是由于传感器本身信号异常，另一方面也可能是由于发动机控制单元判断有误，因此在出现故障代码提示时，最好进行真实性验证。

第二步：测量传感器信号输入，验证故障代码。

起动发动机，加速到失速状态，用万用表测量发动机控制单元J623的T105/49端子对地电压，在正常情况下该端子电压应该从打开点火开关时的0.5V平稳上升到压力最大时的2.0V，否则说明传感器或其电路可能存在故障，可参照表3-10进行分析诊断。

表3-10　J623的T105/49端子信号对地电压测试

可能性	测试条件	实测结果	状态	故障分析及测试
1	点火开关打开	0.72V	正常	如果数据流指示传感器信号故障，则考虑更换发动机控制单元
	发动机怠速	1.92V		
2	点火开关打开	0V	异常	信号线路对地短路或传感器自身及电源故障，检查传感器电源线路
	发动机怠速			
3	点火开关打开	约5V	异常	测试点与传感器之间线路断路、传感器自身及接地故障、信号线路对5V短路，检查传感器信号输出
	发动机怠速			
4	点火开关打开	明显低于0.72V	异常	传感器自身故障、传感器电源故障，检查传感器信号输出
	发动机怠速	明显低于1.92V		
5	点火开关打开	明显高于0.72V	异常	传感器自身故障、传感器电源故障，检查传感器信号
	发动机怠速	明显高于1.92V		

实测结果为电压始终保持在5V（传感器参考电压），测试结果异常，可能原因为：

1）测试点与G247之间信号线路断路或对+5V短路故障。

2）G247自身故障。

3) G247 与 J623 接地线路故障。
4) J623 自身故障（J623 向 G247 提供搭铁电源）。

第三步：测量 G247 信号输出。

起动发动机，加速到失速状态，用万用表测量传感器 G247 的 T3n/2 端子对地电压，正常情况下该端子电压应该从压力最低时的 0.5V 平稳上升到压力最大时的 2.0V，否则说明传感器或其电路可能存在故障，可参照表 3-11 进行分析诊断。

表 3-11　G247 的 T3n/2 端子对地电压测试

可能性	测试条件	实测结果	状态	可能原因	操作
1	点火开关打开 发动机怠速	0V	异常	J623 与 G247 之间信号线路断路	线路导通性检查
2	点火开关打开 发动机怠速	约 5V	异常	信号线路对正极短路或传感器内部断路	检查信号线路与 +5V 之间电阻

实测结果为电压始终保持在 0V，测试结果异常，结合上步测试结果，一根导线两端电压存在差异，而这差异相当于传感器的参考电压，说明 J623 与 G247 之间电路断路故障。

第四步：测量 G247 的 T3n/2 端子和 J623 的 T105/49 端子之间线路的导通性，见表 3-12。

关闭点火开关，拔掉 J623 的 T105 端子插接件、G247 的 T3n 端子插接件，测试电阻应为几乎为 0Ω。

表 3-12　G247 的 T3n/2 和 J623 的 T105/49 之间线路的导通性测试

可能性	实测结果	状态	可能原因	操作
1	近乎为 0Ω	正常	插接件故障	检修插接件
2	无穷大	异常	线路断路	维修线路
3	大于 5Ω	异常	线路虚接	

实测结果为无穷大，修复故障电路后，发动机性能恢复正常。

故障机理：由于 G247 与 J623 之间信号线路出现断路，造成 J623 无法准确感知燃油系统压力，导致上述故障现象出现。

练习题：请指导老师在表 3-13 中选择合适的故障点，要求学生完成并填写诊断报告。

表 3-13　G247 及线路常见的故障

序号	故障性质
1	燃油压力传感器 T3n/2 端子对应的信号线路断路
2	燃油压力传感器 T3n/2 端子对应的信号线路虚接
3	燃油压力传感器 T3n/2 端子对应的信号线路短路
4	燃油压力传感器 T3n/3 端子对应的电源线路断路
5	燃油压力传感器 T3n/3 端子对应的电源线路虚接
6	燃油压力传感器 T3n/1 端子对应的接地线路断路
7	燃油压力传感器 T3n/1 端子对应的接地线路虚接
8	燃油压力传感损坏（传感器）
9	发动机控制单元 J623 自身损坏（局部）

3.5 燃油压力调节阀常见故障的诊断与排除

燃油压力调节器安装在高压油泵的进油位置,主要用于调整燃油的供给量和燃油压力,为高压燃油供给系统提供合适的工作压力。如果燃油压力调节器工作异常,将导致高压燃油系统压力异常,造成发动机无法起动等故障。

图 3-63 所示为燃油压力调节阀控制线路原理图,从中可以看出,发动机控制单元 J623 通过其 T105/92 端子与燃油压力调节阀 N276 的 T2f/2 端子相连,为燃油压力调节阀提供脉冲电压电源;发动机控制单元 J623 的 T105/93 端子直接与燃油压力调节阀 N276 的 T2f/1 端子相连,为燃油压力调节阀的控制提供搭铁信号,发动机控制单元 J623 通过 PWM 信号控制燃油压力调节阀的运行。

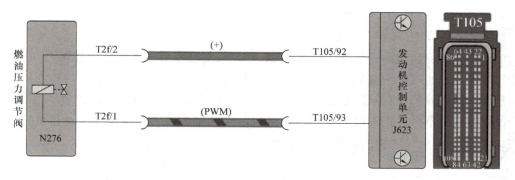

图 3-63　燃油压力调节阀控制线路原理图

现象:起动发动机,可以正常着车,但 EPC 灯常亮,急速有时发动机抖动,加速时转速不能超过 3000r/min。

注意:在设置某些燃油压力调节器故障的时候,需要设置一些让所有低压喷油器停止工作的相关故障,但不要影响其他部件的运行。因为按照系统设计原理,如果仅仅设置燃油压力调节器故障,只要起动时高压系统内有残压,就可以让发动机直接起动,待起动后,如果高压系统燃油耗尽,那低压喷油器会替补作为主要喷油装置而保证发动机正常运行,所以仅仅设置燃油压力调节器故障,之后可能只会稍微影响发动机的起动性能,几乎很难觉察;但如果高压系统没有残压,那发动机可能就不能起动。

故障分析:

发动机急速时抖动,加速时转速不能超过 3000r/min,说明发动机动力不足,这与混合气的质量和数量、点火系统的工作有很大的关系,因此故障可能在:

1) 进排气系统故障。
2) 燃油系统故障,包括系统压力故障和喷油器工作故障。
3) 点火系统故障,包括点火能量故障和点火正时故障。

诊断思路:

第一步:扫描网关,读取故障代码。

打开点火开关,用解码器读取故障代码,发现有以下故障代码:

08852:燃油压力调节阀断路。

根据故障代码定义,说明燃油压力调节器 N276 及其电路出现断路,这必然会造成燃油系统压力达不到标准,从而造成发动机动力不足。

第二步:测试燃油系统压力,确定故障范围(可以不做)。

起动发动机,用解码器读取数据流(106/2),以测试油轨压力,标准为 40bar 左右,测量值为 7bar,测试结果异常。

由于油轨压力为 7bar,说明低压油路可能没有异常,而是系统无法建立高压。结合故障代码,可能原因为燃油压力调节器及其电路故障。

第三步:对 N276 进行元件测试(选用,验证故障代码的真实性)。

打开点火开关,用解码器进行执行元件驱动测试,发现燃油压力调节器 N276 不工作,可能原因为燃油压力调节器及其电路故障。

第四步:测量 N276 的驱动信号波形。

起动发动机,在发动机怠速运转状态时,用示波器测量燃油压力调节器 N276 的 1#、2# 端子对地波形,也可以测量 2# 相对于 1# 端子的信号波形,为了清楚讲解双源控制的信号特点,所以采用分别测量对地波形的方式,而在实际工作过程中,还是建议测量执行器两个端子之间的信号波形。在正常情况下应测得表 3-14 中可能性 1 对应的波形,否则都说明故障存在,可以按照表 3-14 中的方法进行诊断。

表 3-14 燃油压力调节阀 N276 各端子对地波形测试

测试条件:发动机处于怠速状态				
可能性	测试部位	实测结果(波形)	状态	操作
1	T2f/1		正常	考虑更换燃油压力调节阀元件
	T2f/2			

（续）

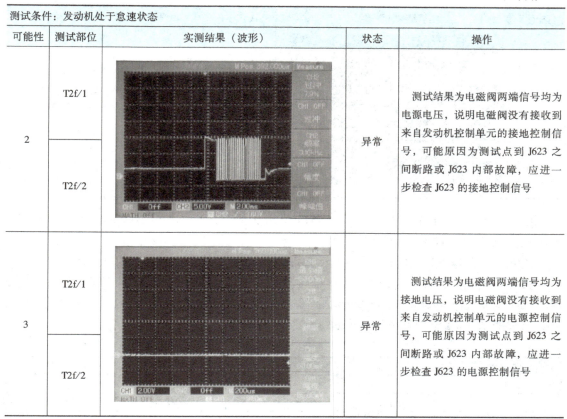

实测结果为电磁阀两端均为 0V 直线。

第五步：检查 J623 的 T105/92 端子供电是否正常。

起动发动机或怠速运行过程中，用示波器测量发动机控制单元 J623 的 T105/93 端子对地电压，在正常情况下，该端子电压应为表 3-15 中可能性 1 对应的波形，否则都说明故障存在，可以按照表 3-15 中的方法进行诊断。

表 3-15　J623 的 T105/92 端子对地波形测试

可能性	实测结果（波形）	状态	说明	操作
1		正常	N276 的 T2f/2 端子和 J623 的 T105/92 端子之间线路断路	检查电路导通性

(续)

可能性	实测结果（波形）	状态	说明	操作
2		异常	说明发动机控制单元未发出电源控制信号	考虑更换发动机控制单元

实测为表 3-15 中 1 对应的波形，J623 供电正常，说明 N276 供电异常，可能原因为 N276 的 T2f/2 端子和 J623 的 T105/92 端子之间线路断路。

第六步：测量 N276 的 T2f/2 端子和 J623 的 T105/92 端子之间线路的导通性。

关闭点火开关，拔掉 J623 的 T105 插接件、燃油压力调节阀 N276 的 T2f 插接件，测试 N276 的 T2f/2 端子和 J623 的 T105/92 端子之间线路的电阻，应几乎为 0Ω，否则说明故障存在，可参照表 3-16 中的方法进行诊断。

表 3-16　N276 的 T2f/2 端子和 J623 的 T105/92 端子之间线路的导通性测试

可能性	实测结果	状态	可能原因	操作
1	近乎为 0Ω	正常	插接件故障	检修插接件
2	无穷大	异常	线路断路	维修线路
3	大于 5Ω	异常	线路虚接	维修线路

实测结果为 N276 的 T2f/2 端子和 J623 的 T105/92 端子之间线路的电阻为无穷大，说明电路存在断路，修复后系统恢复正常。

注意：另外一个故障同样需要排除。

故障机理：

由于 N276 的 T2f/2 端子和 J623 的 T105/92 端子之间线路断路，造成发动机控制单元无法控制压力调节器电磁阀的运行，加之低压喷油器均不工作，所以导致上述故障出现。

练习题：请指导老师在表 3-17 中选择合适的故障点，要求学生完成并填写诊断报告。

表 3-17　N276 及线路常见的故障

序号	故障性质
1	燃油压力调节阀 T2f/1 端子对应的控制信号线路断路
2	燃油压力调节阀 T2f/1 端子对应的控制信号线路虚接
3	燃油压力调节阀 T2f/2 端子对应的控制信号线路断路
4	燃油压力调节阀 T2f/2 端子对应的控制信号线路虚接
5	燃油压力调节阀 T2f/2 端子对应的控制信号线路对地短路
6	燃油压力调节阀自身故障
7	发动机控制单元 J623 自身损坏（局部）

3.6 喷油器常见故障的诊断与排除

迈腾 B8 发动机采用双喷射系统，即每个气缸分别安装一个高压喷油器、一个低压喷油器，在不同的工况下，不同的喷油器参与工作，当某个喷油器出现故障的时候，会让另外一个喷油器参与工作，不会出现一个气缸两个喷油器同时工作的情况。

图 3-64 所示为喷油器控制线路原理图，从中可以看出，喷油器 N30 的 T2aq/1 端子直接与发动机控制单元 J623 的 T105/64 端子相连，并通过喷油器 N30 的 T2aq/2 端子回到发动机控制单元 J623 的 T105/85 端子构成回路。喷油器为低阻型（2Ω 左右），控制信号采用 PWM 信号进行控制，发动机控制单元 J623 内部升压模块将初始驱动电压迅速升至 60~90V，使喷油器迅速开启，再使用小电流进行保持，直到喷油结束。

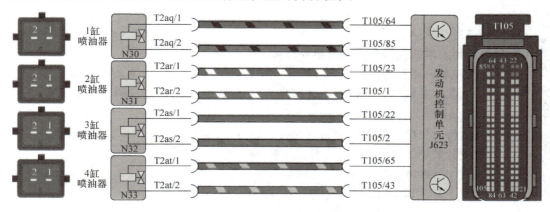

图 3-64　喷油器控制线路原理图

故障现象：

打开点火开关后，仪表显示无异常，着车后，发动机抖动，抖动与发动机转动同步，初次起动 20s 后排气故障指示灯闪烁，再次起动，排气故障指示灯长亮。

注意：在设置某些高压喷油器断路故障时，需要设置一些让对应低压喷油器停止工作的相关故障，但不得影响其他部件的运行。因为按照系统设计原理，如果仅仅设置高压喷油器故障，只要发动机起动后，低压喷油器会替补作为主要喷油装置而保证发动机正常运行，所以仅仅设置某个高压喷油器故障，之后可能会稍微影响发动机的起动性能。

故障分析：

从理论上讲，造成发动机抖动的原因虽然很多，但不外乎有以下 3 种可能性：

1) 发动机的动平衡性较差，造成发动机抖动，这种抖动随发动机转速提高而加剧。

2) 发动机各缸功率不平衡，造成发动机抖动，这种抖动的最大特点是抖动频率与发动机转速同步。

3) 发动机动力不足，造成发动机抖动，这种抖动的最大特点就是一旦加速抖动就消失。

因此在描述故障时，尽可能地把相关的现象描述清楚，以便于尽快缩小故障范围。该故障的特点是抖动与发动机转速同步，说明极有可能是发动机缺缸造成的，可能原因为：

1) 某气缸喷油器或其电路故障。

2）某气缸火花塞、点火单元或其电路故障。

3）某气缸密封性或进排气故障。

诊断思路：

如果有相关故障代码提示，就按照故障代码的提示进行诊断；如果没有相关故障代码提示，则需要分析故障现象，读取相关的数据流和尾气排放数值，发现异常数据，实施诊断。

第一步：扫描网关，读取故障代码。

打开点火开关，用解码器扫描网关，读取故障代码，发现有以下故障代码：

00514　气缸2喷射阀-N31：电路电气故障。

00768　检测到不发火。

00770　气缸2：检测到不发火。

通过以上故障代码可以看出，是2缸喷油器或其电路故障造成发动机缺缸，可能原因为：

1）喷油器自身故障。

2）喷油器与发动机控制单元之间电路故障。

3）发动机控制单元自身故障。

第二步：读取相关数据组，以确定故障所在（在有故障代码提示时，可以不用该步测试）。

在发动机运行过程中，读取失火数（14/3、15/1、15/2、15/3、16/1）数据流：

14/3（失火计数器）：0→474（异常）标准：4→8。

15/1（气缸1计数器）：0（正常）。

15/2（气缸2计数器）：0→474（异常）。

15/3（气缸3计数器）：0（正常）。

16/1（气缸4计数器）：0（正常）。

通过以上数据流可以看出，是2缸喷油器或其电路故障造成发动机缺缸，可能原因为：

1）喷油器自身故障。

2）喷油器与发动机控制单元之间电路故障。

3）发动机控制单元自身故障。

4）2缸点火系统故障造成2缸喷油器中断燃油喷射。

第三步：对喷油器进行执行元件诊断测试，以确定故障所在。

注意：在不采用读取故障代码而采用数据流的情况下需要进行该步测试。

打开点火开关，用解码器进行执行元件诊断测试，发现2缸喷油器不动作，其他缸喷油器工作正常。说明2缸喷油器的确不能正常工作，可能原因为：

1）喷油器自身故障。

2）喷油器与发动机控制单元之间电路故障。

3）发动机控制单元自身故障。

第四步：测量2缸喷油器的驱动信号，确定故障所在。

注意：由于迈腾TSI发动机的喷油器采用的双源控制，即喷油器的正极和负极同时进行控制，因此要想测量能正确反映喷油器工作状况的驱动信号波形，最好是示波器的负极检测探针连接到喷油器负极上；示波器的正极检测探针连接到喷油器的正极上。

起动发动机时，用示波器测量喷油器 T2ar/2、T2ar/1 端子分别对地的信号波形（这种方法是为了体现喷油器的双源控制逻辑），在正常情况下，应可以检测到类似表 3-18 中可能性 1 对应的波形。

注意：也可以测量两个端子之间的相对波形，而且实践中建议使用这种方法。

表 3-18　喷油器各端子对地波形测试

可能性	测试部位	实测结果（波形）	状态	操作
1	T2ar/2 对地		正常，表示在测喷油器喷油时，一端提供电源，另一端提供接地，电流切换时会有反向电动势	在控制信号正常而喷油器无法正常工作的情况下，可以考虑喷油器
	T2ar/1 对地			
	T2ar/2 对地		正常，表示共用升压控制器的另外一个喷油器喷油时，该喷油器两个端子的信号波形	
	T2ar/1 对地			
2	T2ar/2 对地		发动机运行过程中，在测喷油器两个端子对地信号波形始终相同，异常则说明接地控制线路存在故障	检查发动机控制单元端接地控制信号
	T2ar/1 对地			
3	T2ar/1 对地		发动机运行过程中，喷油器两个端子始终保持这样的信号波形，说明喷油器内部断路	喷油器单件检查
	T2ar/2 对地			

（续）

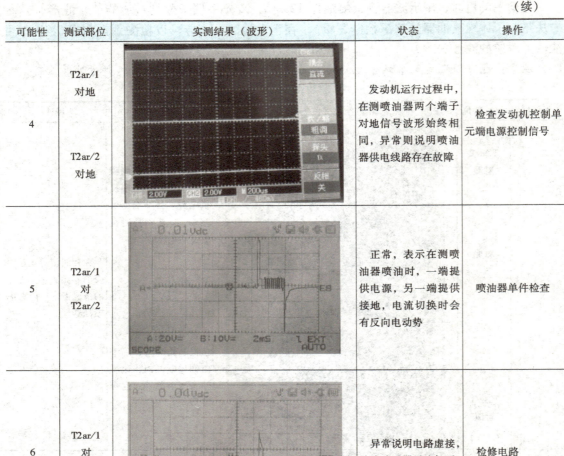

可能性	测试部位	实测结果（波形）	状态	操作
4	T2ar/1 对地 T2ar/2 对地		发动机运行过程中，在测喷油器两个端子对地信号波形始终相同，异常则说明喷油器供电线路存在故障	检查发动机控制单元端电源控制信号
5	T2ar/1 对 T2ar/2		正常，表示在测喷油器喷油时，一端提供电源，另一端提供接地，电流切换时会有反向电动势	喷油器单件检查
6	T2ar/1 对 T2ar/2		异常说明电路虚接，造成喷油器无法打开	检修电路

实测为表3-18中6对应的波形，可能原因为：

1) 发动机控制单元存在故障，造成电路虚接。
2) 发动机控制单元与喷油器之间电路存在虚接故障。

第五步：测量喷油器与发动机控制单元之间电路电阻是否符合要求。

有两种方法，一种是测量电路两端电压降的方法来判定电路虚接；另一种是实际测量电路两端的电阻来判定电路虚接。

方法一：在起动发动机过程中，用万用表测量发动机控制单元 T105/1 端子与喷油器 T2ar/2 端子之间、发动机控制单元 T105/23 端子与喷油器 T2ar/1 端子之间的电压，在正常情况下应小于 0.1V，实测结果为发动机控制单元 T105/1 端子与喷油器 T2ar/2 端子之间从 0V 逐步提高到 7.2V，然后再重复，说明发动机控制单元 T105/1 端子与喷油器 T2ar/2 端子之间存在电阻。

方法二：关闭点火开关，必要时断开蓄电池负极，拔下发动机控制单元连接器和喷油器连接器，用万用表测量发动机控制单元 T105/1 端子与喷油器 T2ar/2 端子之间、发动机控制单元 T105/1 端子与喷油器 T2ar/2 端子之间的电阻，在正常情况下应小于 0.5Ω，实测结果为发动机控制单元 T105/1 端子与喷油器 T2ar/2 端子之间电阻为 3Ω。

检修电路后，系统恢复正常。

练习题：请指导老师在表 3-19 中选择合适的故障点，要求学生完成并填写诊断报告。

表 3-19　喷油器 N30 控制信号的电源异常常见故障

序号	故障性质
1	喷油器 N30 的 T2ar/1 端子对应的控制信号（-）线路断路
2	喷油器 N30 的 T2ar/1 端子对应的控制信号（-）线路虚接
3	喷油器 N30 的 T2ar/1 端子对应的控制信号（-）线路对地短路
4	喷油器 N30 的 T2ar/2 端子对应的控制信号（+）线路断路
5	喷油器 N30 的 T2ar/2 端子对应的控制信号（+）线路虚接
6	喷油器 N30 自身故障
7	发动机控制单元 J623 自身损坏（局部）

3.7　点火线圈常见故障的诊断与排除

图 3-65 所示为点火线圈控制线路原理图，从中可以看出，每个点火线圈供电由发动机部件供电继电器 J757 向每个点火线圈的 4# 端子供电，并通过 1#、3# 端子接地，发动机控制单元通过线路向点火线圈的 2# 发送控制信号，以便点火线圈工作。

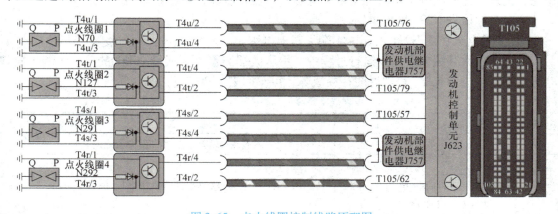

图 3-65　点火线圈控制线路原理图

故障现象：
发动机起动正常，怠速抖动，运行一段时间后仪表 EPC 点亮。

故障分析：
从理论上讲，造成发动机抖动的原因虽然很多，但不外乎有以下 3 种可能性：

1）发动机的动平衡性较差，造成发动机抖动，这种抖动随发动机转速提高而加剧。

2）发动机各缸功率不平衡，造成发动机抖动，这种抖动的最大特点是抖动频率与发动机转速同步。

3）发动机动力不足，造成发动机抖动，这种抖动的最大特点就是一旦加速抖动就消失。

因此在描述故障时，尽可能地把相关的现象描述清楚，以便于尽快缩小故障范围。该故障的特点是抖动与发动机转速同步，说明极有可能是发动机缺缸造成的，可能原因为：

1）某气缸喷油器或其电路故障。
2）某气缸火花塞、点火模块或其电路故障。
3）某气缸密封性或进排气故障。

诊断思路：

如果有相关故障代码提示，就按照故障代码的提示进行诊断；如果没有相关故障代码提示，则需要分析故障现象，读取相关的数据流和尾气排放数值，发现异常数据，实施诊断。

第一步：读取故障代码。

打开点火开关，用诊断仪读取故障代码，发现故障代码：15131 气缸3检测不到发火。

通过以上故障代码可以看出，是3缸失火造成发动机缺缸，由于迈腾B8采用双喷射系统，在发动机运行过程中，当某个喷油器出现故障时，会用另外一个喷油器做替补，所以一个气缸两个喷油器同时损坏的可能性很小，根据概率的问题，应首先考虑点火系统故障，可能原因为：

1）某气缸火花塞故障。
2）某气缸点火线圈或其电路故障。
3）某气缸点火线圈与发动机控制单元之间通信故障。

由于点火线圈与发动机控制单元之间通信方式是J623直接发出高电压脉冲，就是说即使没有连接点火线圈，J623也会根据工况发出脉冲，所以在点火线圈电源和通信之间不存在先后关系，先检测哪个均属于正常。这里应先检查电源，再检查通信。

第二步：检查N291供电搭铁。

1）测量点火线圈N291的T4s/4端子对地电压。

在打开点火开关或发动机运行过程中，用示波器测量点火线圈N291的T4s/4端子对地电压，测试值应为+B，否则说明存在故障，可参照表3-20进行诊断。

表3-20 点火线圈N291的T4s/4端子对地电压测试

可能性	实测结果	状态	操作
1	+B	正常	检查点火线圈与发动机控制单元之间通信
2	0V	异常	检查该点火线圈与J757之间的线路
3	0.1V～+B间某个值与+B之间的方波		

2）检查N291的T4s/1端子对地电压。

在打开点火开关或发动机运行过程中，用万用表测量点火线圈N291的T4s/1端子对地电压，测试值应小于0.1V，否则说明故障存在，可参照表3-21进行诊断。

表3-21 N291的T4s/1端子对地电压测试

可能性	实测结果	状态	可能原因	操作
1	0V	正常	—	考虑元器件故障
2	0.1V～+B间某个值与+B之间的方波	异常	接地线路虚接	检修线路、接地点

3）检查 N291 的 T4s/3 端子对地电压。

在打开点火开关或发动机运转过程中,用万用表测量点火线圈 N291 的 T4s/3 端子对地电压,测试值应小于 0.1V,否则说明故障存在,可参照表 3-22 进行诊断。

表 3-22 点火线圈 N291 的 T4s/3 端子对地电压测试

可能性	实测结果	状态	可能原因	操作
1	0V	正常	—	在控制信号的情况下考虑元器件故障
2	0.1V~+B 间	异常	接地线路虚接	检修线路、接地点

测试结果为点火线圈供电均正常。

第三步:检查点火线圈端的通信信号。

在起动或发动机运转过程中,用示波器检查点火线圈 T4s/2 端子对地波形,在正常情况下应检测到短时的 5V 脉冲,否则说明故障存在,可以参照表 3-23 进行诊断。

表 3-23 点火线圈 T4s/2 端子对地波形测试

可能性	实测结果(波形)	状态	说明	操作
1		正常	如果点火线圈不工作,则考虑更换点火线圈	
2		异常	信号线断路或对地短路	检查 J623 的信号输出
3		异常	N291 的信号虚接或发动机控制单元故障	检查 J623 的信号输出

实测结果为第 3 种波形，考虑电路虚接。

第四步：检查 J623 端的信号输出。

在起动或发动机运行过程中，用示波器检查 J623 的 T105/57 端子对地波形，正常情况下应检测到短时的 5V 脉冲，否则说明故障存在，可以参照表 3-24 进行诊断。

表 3-24　J623 的 T105/57 端子对地波形测试

可能性	实测结果（波形）	状态	说明	操作
1		正常	如果上一步检测始终为 0V 或信号幅值不够，则考虑线路故障	
2		异常	信号线路对地短或控制单元自身故障	检查信号线路对地电阻
3		异常	发动机控制单元故障	考虑更换 J623

实测结果为波形正常，说明线路可能存在虚接，需实际测量验证。

第五步：测量 N291 的 T4s/2 端子与 J623 的 T105/57 端子间线路导通性。

关闭点火开关，断开 J623 的 T105 插接器、点火线圈 N291 的 T4s 插接器，用万用表测量该导线端对端电阻，应几乎为 0Ω，否则说明故障存在，可参照表 3-25 中方法进行诊断。

表 3-25　N291 的 T4s/2 端子与 J623 的 T105/57 端子间线路导通性测试

可能性	实测结果	状态	可能原因	操作
1	几乎为 0Ω	正常	线束插接器故障	检修插接器
2	无穷大	异常	线路断路	检修线路
3	大于 5Ω	异常	线路虚接	检修线路

实测结果为 30Ω，证明确实存在虚接，排除故障后系统恢复正常。

练习题：请指导老师在表 3-26 中选择合适的故障点，要求学生完成并填写诊断报告。

表 3-26　点火线圈常见的故障

序号	故障性质
1	电火线圈的供电断路
2	电火线圈的供电虚接
3	电火线圈 N291 的 T4s/1 端子接地断路
4	电火线圈 N291 的 T4s/1 端子接地虚接
5	电火线圈 N291 的 T4s/2 端子对应的信号线断路
6	电火线圈 N291 的 T4s/2 端子对应的信号线虚接
7	电火线圈 N291 的 T4s/2 端子对应的信号线对电源或地短路
8	点火线圈故障
9	发动机控制单元 J623 故障

附录A
汽车总线系统及检修

A1 汽车总线系统的结构与工作原理

车辆内部有很多部件都依赖于来自其他部件的信息并向其他部件传输信息或者两者并存。总线数据通信网络就提供了这样一个可靠的、经济有效的通路,使车辆内的不同部件之间可以互相"联系"并分享信息。

一、总线的分类

当前汽车上常用的数据总线有 CAN 总线、LIN 总线和 MOST 总线三种,如图 A-1 所示。
1) CAN 网络 500kbit/s。
2) LIN 网络 19.2kbit/s。
3) MOST150 网络 150Mbit/s。

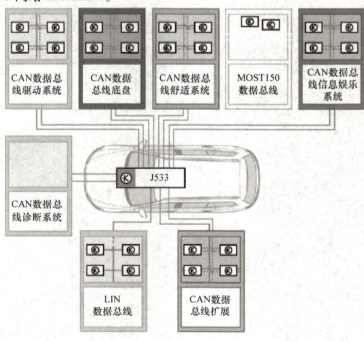

图 A-1 迈腾联网方案

1. CAN 总线

CAN 总线由双绞线组成，一条信号线路被标识为 CAN – HIGH，另一条信号线路被标识为 CAN – LOW。在数据总线的末端，CAN – HIGH 和 CAN – LOW 线路之间有一个 120Ω 的终端电阻，如图 A-2 所示。

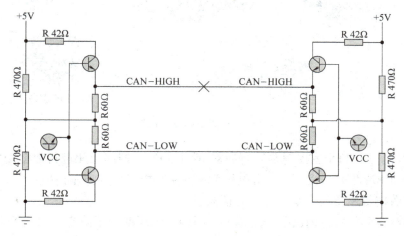

图 A-2　CAN 总线原理图

数据符号（1 和 0）以 500kbit/s 的速率按顺序传输。通过总线传输的数据通过 CAN – HIGH 信号电压和 CAN – LOW 信号电压之间的电压差来表示，如图 A-3 所示。在两个线路总线处于静止时，CAN – HIGH 和 CAN – LOW 信号线路未被 VCC 驱动，这代表逻辑"0"，在此状态下，两个信号线路电压均为 2.5V，此时两线之间的电压差约为 0V；当传输逻辑"1"时，VCC 向两个三极管提供控制电压，CAN – HIGH 信号线路被拉高至大约 3.5V，CAN – LOW 线路被拉低至约 1.5V，此时两线之间的电压差约为（2.0±0.5）V。

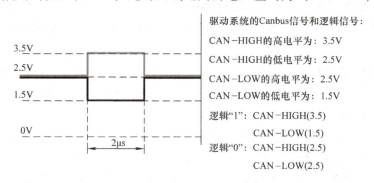

图 A-3　迈腾驱动系统信号特点图

2. LIN 总线

Local Interconnect（局域互联）表示所有的控制单元都装在一个有限的空间内（如车门），所以它也被称为"局域子系统"。LIN 总线系统是单线式总线，底色是紫色，有标志色。该线的横截面面积为 $0.35mm^2$，无须屏蔽。图 A-4 所示为采用 LIN 总线进行数据传递的空调鼓风机控制系统。

车上各个 LIN 总线系统之间的数据交换是由控制单元通过 CAN 数据总线实现的。LIN

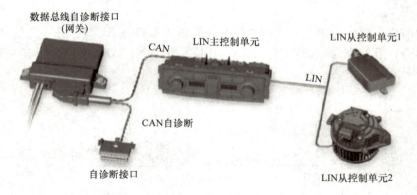

图 A-4 迈腾空调鼓风机控制

总线系统可以让一个 LIN 主控制单元与最多 16 个 LIN 从控制单元进行数据交换。LIN 主控制单元连接在 CAN 数据总线上，负责执行 LIN 的主功能，主要作用包括：

1) 监控数据传递及其速率，发送信息标题。

2) 该控制单元的软件内已经设定了一个周期，该周期用于决定何时将哪些信息发送到 LIN 数据总线上多少次。

3) 该控制单元在 LIN 数据总线系统的 LIN 控制单元与 CAN 总线之间起"翻译"作用，它是 LIN 总线系统中唯一与 CAN 数据总线相连的控制单元。

4) 通过 LIN 主控制单元进行与之相连的 LIN 从控制单元的自诊断。

5) 信息的顺序。

在 LIN 数据总线系统内，单个控制单元或传感器及执行元件都可看作 LIN 从控制单元，LIN 执行元件都是智能型的电子或机电部件，这些部件通过 LIN 主控制单元的数字信号接受任务。LIN 主控制单元通过集成的传感器来获知执行元件的实际状态，然后就可以进行规定状态和实际状态的对比。只有当 LIN 主控制单元发送出标题后，传感器和执行元件才会作出反应。

LIN 总线数据传递速率为 1~20kbit/s，在 LIN 控制单元的软件内已经设定完毕，该速率最大能达到舒适 CAN 数据传递速率的五分之一。由于控制单元内的接收/发送单元有不同的型号，所以表现出的显性电平也有所不同。

图 A-5 所示为 LIN 总线信号波形，如果无信息发送到 LIN 数据总线上或者发送到 LIN 数据总线上的是一个隐性比特，那么数据总线导线上的电压就是 +B，这个电压称之为隐性电平。为了将显性比特传到 LIN 数据总线上，发送控制单元内的接收/发送单元会将数据总线导线接地，这个电压称之为显性电平。

从 LIN 总线信号波形上可以看出，信号曲线上不同阶段的占空比和脉宽有所区别，这些信息都称为信息标题，如图 A-6 所示，信息标题由 LIN 主控制单元按周期发送。信息标题分为以下四部分：

1) 同步暂停区。

同步暂停区（Synch Break）的长度至少为 13 位（二进制），它以显电平发送。这 13 位的长度是必需的，这样才能准确地通知所有的 LIN 从控制单元有关信息的起始点。

2）同步分界区。

同步分界区（Synch Delimiter）至少为一位（二进制）长，且为隐性。

3）同步区。

同步区（Synch Field）由 0101010101 这个二进制位序构成，所有的 LIN 从控制单元通过这个二进制位序来与 LIN 主控制单元进行匹配。所有控制单元同步对于保证正确的数据交换是非常有必要的。如果失去了同步性，那么接收到的信息中的某一数位值就会发生错误，该错误会导致数据传递错误。

4）识别区。

识别区的长度为 8 位（二进制），前 6 位是回应信息识别码和数据区的个数。回应数据区的个数在 2~8。后两位是校验位，用于检查数据传递是否有错误。当出现识别码传递错误时，校验可防止与错误的信息适配。

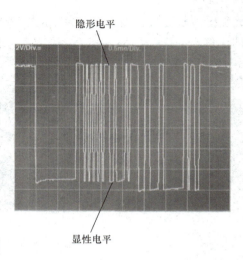

图 A-5　LIN 总线信号波形

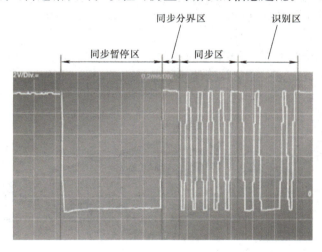

图 A-6　迈腾 LIN 数据总线信息标题

3. MOST 总线

从 "Media Oriented Systems Transport" 这个名字就可看出，它是一种用于多媒体数据传送的网络系统，这也就是说该系统将符合地址的信息传送到某一接收器上，这点与 CAN 数据总线是不同的，MOST 总线的传输速率最高可达 21.2Mbit/s。

（1）传输速率

图 A-7 为迈腾信息娱乐系统 MOST 总线传输速率分布图，从中可以看出，这种光纤数据传输对于实现 Infotainment 系统的所有功能具有重要意义，因为以前所使用的 CAN 数据总线系统的传输速度是不够的，因而无法满足相应的数据量传送。视频和音频所要求的数据传输率达数 Mbit/s，仅仅是带有立体声的数字式电视信号，就需要约 6Mbit/s 的传输速度。

在 MOST 总线中，相关部件之间的数据交换是以数字方式来进行的。与无线电波相比，光波的波长更短，因此它不会产生电磁干扰；同时通过光波进行数据传递有导线少且重量轻的优点。

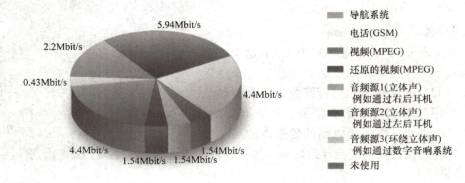

图 A-7　迈腾信息娱乐系统 MOST 总线传输速率

（2）控制单元结构组成

图 A-8 所示为 MOST 总线控制单元部件结构示意图，主要由光导纤维、电气插头、内部供电装置、收发单元－光导发射器、MOST－收发机、标准微控制器、专用部件等组成。

1）光导纤维。

如图 A-9 所示为光导纤维（LWL）的传输过程示意图，其任务是将在某一控制单元发射器内产生的光波传送到另一控制单元的接收器。

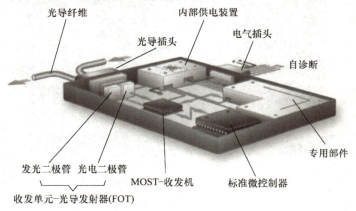

图 A-8　MOST 总线控制单元部件结构

光导纤维由纤芯、反射涂层、黑色包层和彩色包层组成。纤芯是光导纤维的核心部分，它由有机玻璃制成，是光导线，纤芯内的光根据全反射原理几乎无损失地传导；透光的涂层（反射涂层）是由氟聚合物制成，它包在纤芯周围，对全反射起关键作用；黑色包层是由尼龙制成，用来防止外部光照射；彩色包层起到识别、保护及隔温作用。

光导纤维将一部分光波沿直线传送，而绝大部分光波是按全反射原理在纤芯表面以"之"字形曲线传送。光波通过全反射在纤芯的涂层界面上反射，从而可以弯曲传送。当一束光以小角度照射到折射率高的材料与折射率低的材料之间的界面时，那么光束就会被完全反射，这就称作全反射。光导纤维中的纤芯是折射率高的材料，涂层是折射率低的材料，所

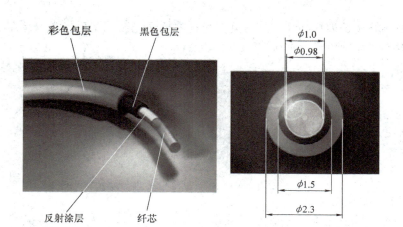

图 A-9　光导纤维（LWL）传输过程

以全反射发生在纤芯的内部。这个效应取决于从内部照射到界面的光波角度，如果该角度过陡，那么光波就会离开纤芯，从而造成较大损失，如图 A-10 所示，所以光导纤维的曲率半径不可小于 25 mm。

为了能使传输过程中的损失尽量小，光导纤维的端面应光滑、垂直、洁净。切削面上的污垢和刮痕会加大传送损失（衰减），因此需要使用了种专用的切削工具。

2）电气插头。

为了能将光导纤维连接到控制单元上，使用了一种专用插头。插塞连接上有一个信号方向箭头，它表示输入方向（通向接收器），插头壳体就是与控制单元的连接处。图 A-11 所示为光导插头结构示意图，该插头用于供电、自诊断以及输入/输出信号的传输。

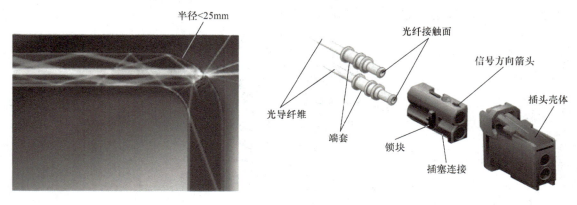

图 A-10　光导纤维弯曲或弯折过度　　　　图 A-11　光导插头结构

3）内部供电装置。

由电气插头送入的电再由内部供电装置分送到各个部件，这样就可单独关闭控制单元内某一部件，从而降低了静态电流。

4）收发单元-光导发射器（FOT）。

图 A-12 所示为收发单元-光导发射器（FOT）结构示意图，该装置由一个光电二极管和一个发光二极管组成。发光二极管的作用是把 MOST-收发机的电压信号再转换成光信号；产生出的光波波长为650nm，是可见红光；数据经光波调制后传送，调制后的光经由光导纤维传到下一个控制单元。

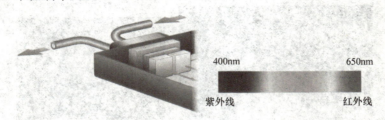

图 A-12　收发单元－光导发射器（FOT）

接收到的光信号由光电二极管转换成电压信号后传至 MOST 收发机，光电二极管的作用是将光波转换成电压信号。光电二极管内有一个 PN 结，光可以照射到这个 PN 结上。由于 P 型层很厚，绝缘层只能刚刚够得到 N 型层，在 P 型层上有一个触点——正极，N 型层与金属底板（负极）接触，如图 A-13 所示。

如果光或红外线辐射照到 PN 结上，就会产生自由电子和空穴，从而形成一个穿越 PN 结的电流，也就是说：作用到光电二极管上的光越强，流过光电二极管的电流就越大，这个过程称为光电效应，如图 A-14 所示。

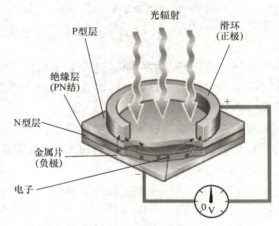

图 A-13　收发单元工作原理

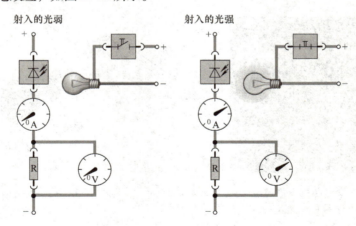

图 A-14　光电二极管工作过程

光电二极管反向与一个电阻串联。如果由于照射光强度增大，流过光电二极管的电流增大，那么电阻上的压降也就增大，于是光信号就被转换成电压信号。

5）MOST 收发机。

MOST 收发机由发射机和接收机两个部件组成。发射机将要发送的信息作为电压信号传至光导发射器；接收机接收来自光导发射器的电压信号并将所需的数据传至控制单元内的标准微控制器（CPU）。其他控制单元不需要的信息由收发机来传送，而不是将数据传到 CPU 上，这些信息原封不动发至下一个控制单元。

6）标准微控制器。

标准微控制器是控制单元的核心元件，它的内部有一个微处理器，用于操纵控制单元的所有基本功能。

7）专用部件。

这些部件用于控制某些专用功能，例如 CD 播放机和收音机调谐器。

（3）信息帧

由于使用了固定的时间光栅，所以脉冲频率允许传递同步数据。如果要同步传递诸如声音和动态图像（视频）这样的一些数据信息，那这些信息必须以相同的时间间隔来发送。系统管理器一般以 44.1kHz 的脉冲频率向环状总线上的下一个控制单元发送信息帧，而 44.1kHz 这个固定的脉冲频率正好与数字式音频装置（如 CD 机、DVD 机、DAB 收音机）的传递频率相同，这样就可以将这些装置连接到 MOST 总线上了。

一个信息帧的大小为 64 个字节，1 个字节等于 8 位。可分成起始区、分界区、数据区、第一校验字节、第二校验字节、状态区、奇偶校验区共 7 部分，如图 A-15 所示。

1）起始区，表示一个信息帧的开始，每段信息帧都有自己的起始区。

2）分界区，用于区分起始区和紧跟着的数据区。

3）数据区，MOST 总线在数据区最多可将 60 个字节的有效数据发送到控制单元。数据区的分配是可变的，数据区的同步数据在 24~60 个字节，同步数据的传递具有优先权。

4）第一校验字节和第二校验字节，一个信息组中的校验字节在控制单元内汇成一个校验信息帧，一个信息组中有 16 个信息帧，校验信息帧内包含有控制（第一校验字节）和诊断数据（第二校验字节），这些数据由发射器传送到接收器，称之为根据地址进行的数据传递。

5）状态区，包含用于给接收器发送信息帧的信息。

6）奇偶校验区，用于最后检查数据的完整性，该区的内容将决定是否需要重复发送过程。

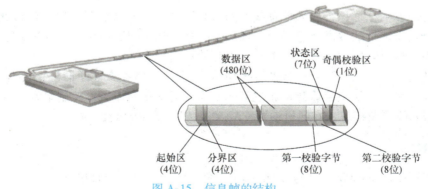

图 A-15　信息帧的结构

（4）功能流程

如果 MOST 总线处于休眠模式，那么首先须通过唤醒过程将系统切换到备用模式，该过程一直进行到系统管理器为止，系统管理器根据传来的伺服光来识别是否有系统起动的请求。如果某一控制单元（系统管理器除外）唤醒了 MOST 总线，那么该控制单元就会向下一个控制单元发射一种专门调制的光（称为伺服光），如图 A-16 所示。然后系统管理器向下一个控制单元发送一种专门调制的光（称为主光）。这个主光由所有的控制单元继续传递，光导发射器（FOT）接收到主光后，系统管理器就可识别出环形总线现在已经封闭了，可以开始发送信息帧了，如图 A-17 所示。

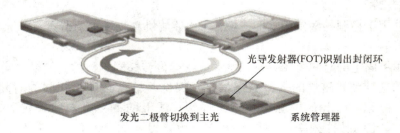

图 A-16 系统起动（唤醒）

环状总线上的下一个控制单元通过在休眠模式下工作的光电二极管来接收这个伺服光并将此光继续下传。首批信息帧要求 MOST 总线上的控制单元提供标识符。诊断管理器将报告上来的控制单元（实际配置）与一个所安装的控制单元存储表（规定配置）进行对比。

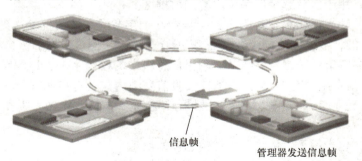

图 A-17 数据传递

系统管理器根据标识符向环形总线上的所有控制单元发送实时顺序（实际配置），于是就可以进行根据地址的数据传递了。如果实际配置与规定配置不相符，诊断管理器就会存储相应的故障。这时唤醒过程就结束了，可以开始数据传递了。

图 A-18 所示为迈腾 MOST 总线系统结构示意图，除系统管理器外，还有一个诊断管理。该管理器执行环形中断诊断，通过 J794 - 电子通信信息设备 1 控制单元将诊断数据传给 J533 - 数据总线诊断接口，在通过诊断 CAN 将数据传输给诊断仪器。

二、总线的划分

迈腾 B8 在 B7 的基础上，重新划分 CAN 总线结构，具体包括以下 7 种：
1) 驱动 CAN 总线。
2) 底盘 CAN 总线。
3) 舒适 CAN 总线。

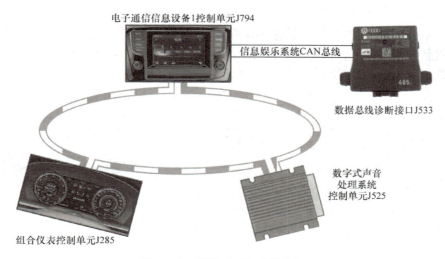

图 A-18　迈腾 MOST 总线结构

4）信息娱乐 CAN 总线。

5）扩展 CAN 总线。

6）诊断 CAN 总线。

7）MOST150 CAN 总线。

其中底盘 CAN 总线、扩展 CAN 总线两条是迈腾 B8 整车新增加的两条数据总线，同时，除了 MOST150 总线，其他 CAN 总线均采用了和驱动总线速率相同的 500kbit/s 的传输方式，且单元两端也带终端电阻（120Ω）。

很多信息通常会出现在不同局域内特定的网络上，它们之间有时必须通过网络分享。这就需要指定一个特殊的控制单元作为网关，执行在不同总线之间传输信息的功能。网关单元至少连接 2 条总线。

1. 驱动 CAN 总线

图 A-19 所示为迈腾驱动 CAN 总线的结构图，它主要用于需要进行高速数据交换的地方，以使各传感器、执行器的变化情况和通过信息调节车辆控制装置之间的信息接收状况延迟至最小化。

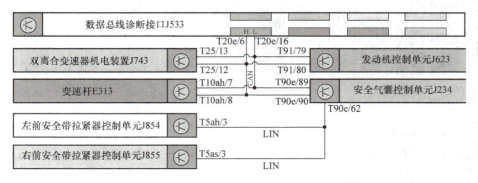

图 A-19　迈腾驱动 CAN 总线结构图

2. 底盘 CAN 总线

图 A-20 所示为底盘 CAN 总线结构图,它基本上与驱动 CAN 总线一致。对并联总线之间的拥挤信息进行拆分,可确保及时的信息传输和接收。有时需要在底盘 CAN 总线和驱动 CAN 总线之间进行通信,这将通过数据总线诊断接口 J533(网关)来完成。

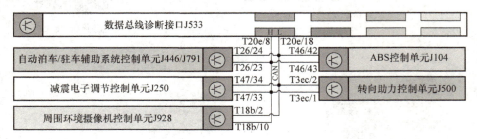

图 A-20 迈腾底盘 CAN 总线结构图

3. 舒适数据总线

舒适数据总线由舒适 CAN 总线和舒适 LIN 总线组成,如图 A-21 所示。

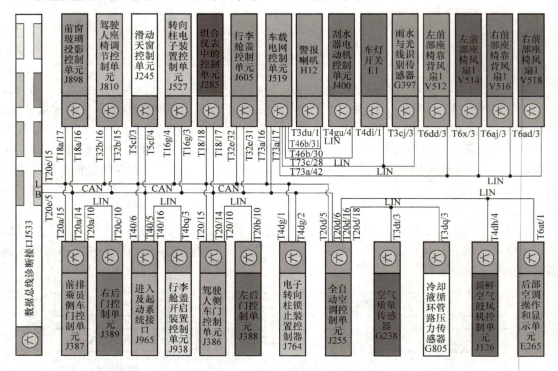

图 A-21 迈腾舒适数据总线结构图

(1)舒适 CAN 总线

舒适 CAN 总线由车辆遥控钥匙激活,为了简化和统一 CAN 总线系统,迈腾将原来连接各控制系统的舒适 CAN 总线结构改为和驱动 CAN 总线传输速率及连接方法一样的结构,如图 A-22 所示,且 CAN-H 和 CAN-L 之间有 120Ω 终端电阻,一个位于数据诊断接口 J533 内部,另一个位于车载电网管理控制单元 J519 内部,车身(舒适)CAN 总线是一条比较重要的控制器区域网络。它的主要连接对象包括：

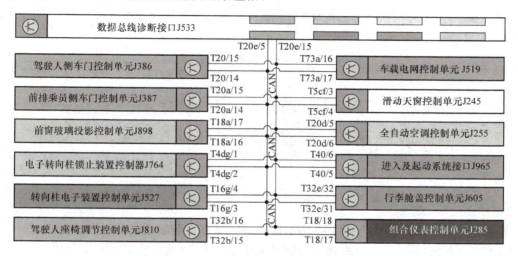

图 A-22　迈腾舒适 CAN 总线结构图

1）4 个车门中控锁。

2）4 个车门玻璃升降器电动机。

3）行李舱锁。

4）车外后视镜。

5）车内顶灯。

6）驾驶人和前座乘员座椅调整记忆及加热。

7）在具备遥控功能的情况下，还包括对遥控信号的接收处理和其他防盗系统的控制。

从控制功能的角度来看，车身（舒适）系统的很多动作都存在某些相互关联性，只有对所有这些关联性作出非常周密的考虑，才能真正让乘员感到舒适和满意。

（2）舒适 LIN 总线

在左前门控制单元 J386 与左后门控制单元 J388 之间，在右前门控制单元 J387 与右后门控制单元 J389 之间，均采用 LIN 线进行数据传递。

4. 信息娱乐 CAN 总线

图 A-23 所示为信息娱乐 CAN 总线示意图，信息娱乐系统包括以下系统：

1）信息娱乐系统（Infotainment）。

①多媒体界面（MMI）。

②前部信息系统显示和操纵控制单元 J523。

③前部信息显示和操纵控制单元。

④显示器 J685。

⑤多媒体操纵单元 E380。

⑥多功能转向盘和仪表板上的显示屏。

2）数字式 Bose 环绕音响系统。

3）收音机模块、语音对话系统。

4）导航系统。

5）电话/Telematik。

信息娱乐 CAN 总线基本上与舒适 CAN 总线一致，主要用于以上系统和部件之间的数据传递。

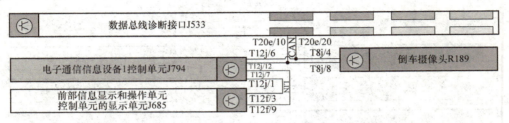

图 A-23　迈腾信息娱乐系统 CAN 总线结构图

5. 扩展 CAN 总线

图 A-24 所示为扩展 CAN 总线结构示意图，它基本上与舒适 CAN 总线一致，为了降低舒适总线上的数据压力，将车距调节控制单元 J428、轮胎压力监控控制单元 J502、弯道灯和前照灯照明距离调节控制单元 J745、驾驶人辅助系统的前部摄像机 R242、行驶换道助理系统控制单元 J769、行驶换道助理系统控制单元 2J770、左侧日间行车灯和驻车示宽灯控制单元 J860、右侧日间行车灯和驻车示宽灯控制单元 J861、左前照灯 MX1、右前照灯 MX2、驾驶人辅助系统前部摄像机 R242 重新组成一个局域网。

注意：具体情况需要参照实际车型确定。

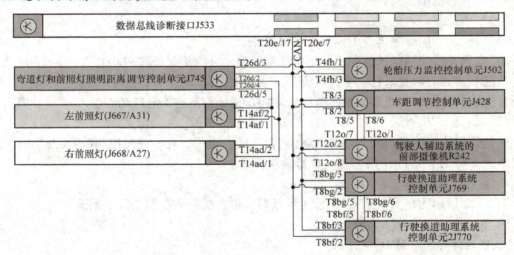

图 A-24　扩展 CAN 总线结构示意图

6. 诊断 CAN 总线

图 A-25 所示为诊断 CAN 总线结构示意图，故障诊断仪通过数据总线诊断接口 J533 诊断 CAN 总线进行通信。如果车辆连接故障诊断仪，则故障诊断仪将尝试与每个可能选装在车辆上的装置进行通信。如果车辆上未安装某个选装件，则对于该选装装置，故障诊断仪将显示"（无通信）"或"（未连接）"。为了避免与特定装置不通信的错误诊断，参见以上总线系统连接图示作为参考，查看它们与之通信的装置。

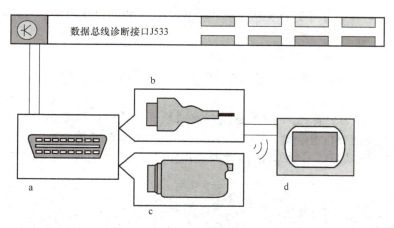

图 A-25　诊断 CAN 总线结构示意图

7. 网关

图 A-26 所示为网关工作原理。由于各种总线系统之间电压电平和电阻配置不同，所以在 CAN 总线、LIN 总线、MOST 总线之间无法进行耦合联接。另外，这几种数据总线的传输速率不同，这就决定了它们无法使用不同的信号，需要在这几个系统之间能完成一个转换。这个转换过程是通过所谓的网关来实现的，也就是迈腾数据总线诊断接口 J533。

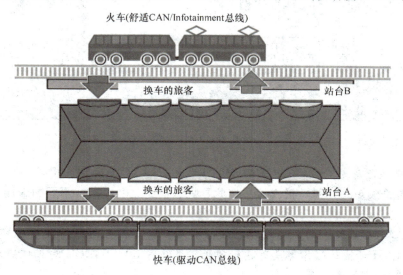

图 A-26　总线诊断接口 J533（网关）工作原理

在站台 A（站台，英语叫网关）到达一列快车（驱动 CAN 总线、500kbit/s），车上有数百名旅客。在站台 B 已经有一辆火车（舒适 CAN/Infotainment 总线、100kbit/s）在等待，有一些乘客就换到这辆火车上，有一些乘客要换乘快车继续旅行。

车站/站台的这种功能，即让旅客换车，以便通过速度不同的交通工具到达各自目的地的功能，与驱动 CAN 总线和舒适 CAN/Infotainment 总线两系统网络的网关功能相同。

网关的主要任务是使两个速度不同的系统之间能进行信息交换，迈腾车辆网关安装在数据总线诊断接口 J533 内。由于通过 CAN 总线的所有信息都供网关使用，所以网关也用作诊断接口。迈腾以前是通过网关的 K 线来查询诊断信息，现在是通过 CAN 总线诊断线来完成这个工作的。

A2　CAN 总线常见故障的诊断与排除

如图 A-27 所示为迈腾驱动 CAN 总线线路原理图，从中可以看出，数据总线诊断接口 J533、双离合器变速器机电装置 J743、变速杆 E313、安全气囊控制单元 J234、发动机控制单元 J623 组成了驱动系统 CAN 总线局域网。在驱动 CAN 局域网中，所有系统数据的格式和速率是一样的，数据可以互相传输。

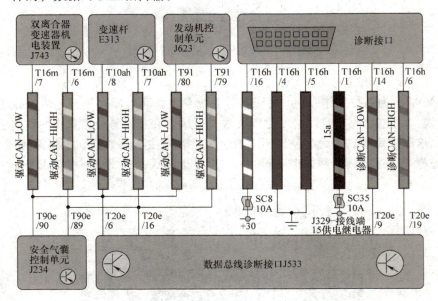

图 A-27　迈腾驱动 CAN 总线线路原理图

CAN 总线系统常见的故障有 CAN - HIGH 或 CAN - LOW 断路、虚接、对正极短路、对正极虚接、对负极短路、对负极虚接、彼此互短、彼此之间虚接，不同的虚接电阻对系统的影响不同。

注意：系统对 CAN - LOW 与地短路故障有容错功能，在这种情况下还可以正常通信，而对 CAN - HIGH 与地短路故障没有容错功能。系统对 CAN - HIGH 对正极短路故障有容错作用，对 CAN - LOW 则没有。

当总线出现故障的时候，最好利用示波器同时测量 CAN - HIGH、CAN - LOW 信号波形，借助信号的形成原理分析故障部位和故障原因，舒适系统 CAN 总线的诊断方法相同。

1. CAN - HIGH 断路的波形分析（图 A-28）

1）隐性电平不变。正常情况下，因为在隐性电平时，所有单元中的晶体管均处于截止状态，所以 CAN - HIGH、CAN - LOW 的电位实质上就是两个 470Ω 之间的电位，即为 5V 的一半；当 CAN - HIGH 断路时，并没有改变原有电路任何的电流大小，CAN - HIGH、CAN - LOW 的电位还是两个 470Ω 之间的电位，即为 5V 的一半，所以不变。

2）在正常情况下，当左侧单元发送信息时，左侧 CAN - HIGH 电势会因为晶体管导通，使得晶体管上下游的电路导通，串联电阻（42Ω、60Ω）导通产生分压，而使得左侧单元端的 CAN – HIGH 总线电压上升到 3.5V。此时如果 CAN – HIGH 断路，左侧 CAN – HIGH 端会因为失去右侧单元中的电阻而使得其对应的晶体管上方的 42Ω 电阻内的电流相对减小，那么该电阻两端的电压降将会减小，从而使得左侧单元端 CAN – HIGH 电压在正常增大的基础上进一步增大，因而 CAN – HIGH 的波形从 2.5V 的隐性电压切换到 3.95V 左右，相对 3.5V 有了 0.45V 的提高。

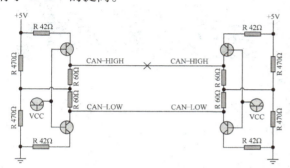 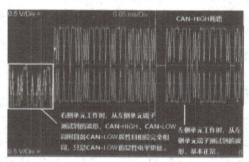

图 A-28　CAN 总线原理、故障及波形（从左侧单元端测得）（略有差异）

3）在正常情况下，当左侧单元发送信息时，左侧 CAN – LOW 电势会因为晶体管导通，使得晶体管上下游的电路导通，串联电阻（42Ω、60Ω）导通产生分压，而使得左侧单元端的 CAN – LOW 总线电压下降到 1.5V。此时如果 CAN – HIGH 断路，右侧单元中两个 60Ω 之间的对地电阻有一定的下降，导致该点的电压有所下降（注意：由于 CAN – HIGH 断路，右侧控制单元端 CAN – HIGH 电压和该点电压一致，所以也有明显的下降，而且切换的方向是反的），而整体上还是 CAN – LOW 左端比右端的电势低，流经左侧控制单元内的 CAN – LOW 对应的 42Ω 的电流减小，因为其两端的电压降减小，所以 CAN – LOW 的波形从 2.5V 的隐性电平切换到 1.22V 左右，相对 1.5V 也有了 0.28V 的降低。

4）当左侧单元发送信息时，右侧单元的 CAN – LOW 波形和左侧单元的相同，但 CAN – HIGH 会检测到来自右侧单元的反射波，CAN – HIGH、CAN – LOW 同时具备 CAN – LOW 的属性且相位完全相同，只是 CAN – LOW 相对 CAN – HIGH 的显性电平偏低一些，CAN – HIGH 的为 1.48V，CAN – LOW 的为 1.22V。

5）这种情况下，左侧的控制单元不会参与系统工作。

2. CAN – LOW 断路的波形分析（图 A-29）

1）隐性电平不变。正常情况下，因为在隐性电平时，所有单元中的晶体管均处于截止状态，所以 CAN – HIGH、CAN – LOW 的电位实质上就是两个 470Ω 之间的电位，即为 5V 的一半；当 CAN – LOW 断路时，并没有改变原有电路任何的电流大小，CAN – HIGH、CAN – LOW 的电位还是两个 470Ω 之间的电位，即为 5V 的一半，所以不变。

2）在正常情况下，当左侧单元发送信息时，左侧 CAN – LOW 电势会因为晶体管导通，使得晶体管上下游的电路导通，串联电阻（42Ω、60Ω）导通产生分压，而使得左侧单元端的 CAN – LOW 总线电压下降到 1.5V。此时如果 CAN – LOW 断路，左侧 CAN – LOW 端会因为失去右侧单元中的电阻而使得其对应的晶体管下方的 42Ω 电阻内的电流相对减小，那该电阻两端的电压降将会减小，从而使得左侧单元端 CAN – LOW 的电势在正常减小的基础上进一步减小，因而 CAN – LOW 的波形从 2.5V 的隐性电压切换到 1.0V 左右，相对 1.5V 有了 0.5V 的降低。

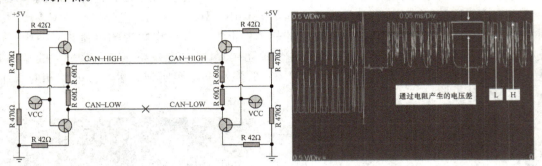

图 A-29　CAN 总线原理、故障及波形（从左侧单元端测得）

3）在正常情况下，当左侧单元发送信息时，左侧 CAN – HIGH 电势会因为晶体管导通，使得晶体管上下游的电路导通，串联电阻（42Ω、60Ω）导通产生分压，而使得左侧单元端的 CAN – HIGH 总线电压而上升到 3.5V；此时如果 CAN – LOW 断路，右侧单元中两个 60Ω 之间的对地电阻有一定的增大，导致该点的电压有所升高（注意：由于 CAN – LOW 断路，右侧控制单元端 CAN – LOW 电压和该点电压一致，所以也有明显的升高，而且切换的方向是反的），而整体上还是 CAN – HIGH 左端比右端的电势高，流经左侧控制单元内的 CAN – HIGH 对应的 42Ω 的电流减小，因为其两端的电压降减小，所以 CAN – HIGH 的波形从 2.5V 的隐性电平切换到 3.8V 左右，相对 3.5V 也有了 0.3V 的升高。

4）当左侧单元发送信息时，右侧单元的 CAN – HIGH 波形和左侧单元的相同，但 CAN – LOW 会检测到来自右侧单元的反射波，CAN – HIGH、CAN – LOW 同时具备 CAN – HIGH 的属性且相位完全相同，只是 CAN – HIGH 相对 CAN – LOW 的显性电平偏低一些，CAN – HIGH 的为 3.8V，CAN – LOW 的为 3.54V。

5）这种情况下，左侧的控制单元不会参与系统工作。

注意：观察这类信号波形时，先观察波形相位和切换方向重叠的部分，只要有这种类似的波形，就说明总线有断路的地方，至于是 CAN – HIGH 还是 CAN – LOW 断路，可以参照重叠部分波形的显性电平的高低来判定。如果 CAN – HIGH 高于 CAN – LOW，说明 CAN – HIGH 断路。如果 CAN – LOW 高于 CAN – HIGH，说明 CAN – LOW 断路。

3. CAN – HIGH 虚接的波形分析（图 A-30）

1）当 CAN – HIGH 虚接时，并没有改变原有电路任何的电流大小，CAN – HIGH、CAN – LOW 的电位还是两个 470Ω 之间的电位，即为 5V 的一半，所以隐性电平不变。

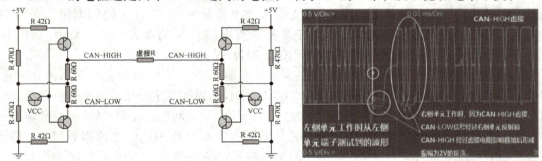

图 A-30　CAN 总线原理、故障及波形（从左侧单元端测得）

2) 当左侧单元发送信息时，由于虚接，左侧控制单元的 CAN – HIGH 端与接地之间的电阻增大，在流经左侧控制单元中 CAN – HIGH 对应的晶体管上方的 42Ω 电阻内的电流减小，该电阻两端的电压降将减小，左侧控制单元端 CAN – HIGH 信号电压会相应提高，试验中为从 2.5V 切换到 3.88V，显性电平相对 3.5V 有了 0.38V 的提高，虚接电阻越小，显性电平越接近 3.5V。CAN – LOW 的显性电平也随之下降，约为 1.26V。试验虚接电阻为 1kΩ，电阻越大，对系统影响越大。

3) 当右侧单元发送信息时，由于虚接，右侧控制单元端 CAN – HIGH 的电压有了明显的下降，信号波形从 2.5V 切换到 1.74V，相对 3.5V 有了 1.76V 的降低，显性电平反方向变化。CAN – LOW 波形从 2.5V 切换到 1.26V，相对 1.5V 有了降低。试验虚接电阻为 1kΩ，电阻越大，对系统影响越大。

4. CAN – LOW 虚接的波形分析（图 A-31）

1) 当 CAN – LOW 虚接时，并没有改变原有电路任何的电流大小，CAN – HIGH、CAN – LOW 的电位还是两个 470Ω 之间的电位，即为 5V 的一半，所以隐性电平不变。

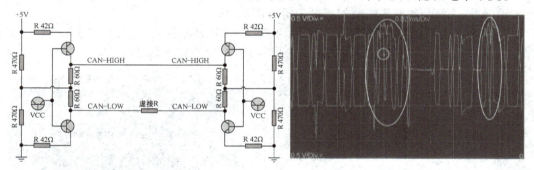

图 A-31 CAN 总线原理、故障及波形（从左侧单元端测得）

2) 当左侧单元发送信息时，由于虚接，左侧控制单元的 CAN – HIGH 端与接地之间的电阻增大，在流经左侧控制单元中 CAN – HIGH 对应的晶体管上方的 42Ω 电阻内的电流减小，该电阻两端的电压降将减小，左侧控制单元端 CAN – HIGH 信号电压会相应提高，试验中从 2.5V 切换到 3.75V，显性电平相对 3.5V 有了 0.25V 的提高，虚接电阻越小，显性电平越接近 3.5V。CAN – LOW 的显性电平也随之下降，约为 1.1V；试验虚接电阻为 1kΩ，电阻越大，对系统影响越大。

3) 当右侧单元发送信息时，由于虚接，右侧控制单元端 CAN – HIGH 的电压有了明显的提高，波形从 2.5V 切换到 3.75V，相对 3.5V 有了 0.25V 的提高。CAN – LOW 波形从 2.5V 切换到 3.26V，显性电平反方向变化，相对 1.5V 有了明显的提高。试验虚接电阻为 1kΩ，电阻越大，对系统影响越大。

注意：观察此类波形时，主要看某个控制单元的 CAN 总线信号波形是否存在逆向切换的显性电平，如果 CAN – HIGH 信号波形存在逆向切换的显性电平，则为 CAN – HIGH 存在虚接，虚接电阻越大，逆向切换后的显性电平越低。如果 CAN – LOW 信号波形存在逆向切换的显性电平，则为 CAN – LOW 存在虚接，虚接电阻越大，逆向切换后的显性电平越高。

5. CAN – HIGH 对 +B 短路的波形分析（图 A-32）

1) CAN – HIGH 的隐性电平为 +B，因为 CAN – HIGH、CAN – LOW 之间有 60Ω 的电阻

存在，所以 CAN-LOW 的隐性电平相对 CAN-HIGH 会偏低大约 2V。

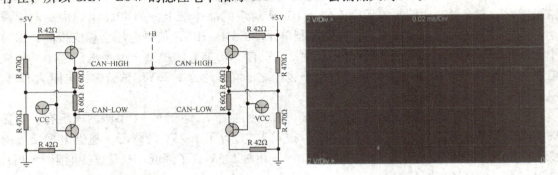

图 A-32　CAN 总线原理、故障及波形（从左侧单元端测得）

2) 当某侧单元发送信息时，CAN-HIGH 始终为 +B。CAN-LOW 的波形会在 10V（隐性电平）的基础上切换到 4.4V，相对正常的 1.5V 有明显的提高。

6. CAN-LOW 对 +B 短路的波形分析（图 A-33）

1) CAN-LOW 的隐性电平为 +B，因为 CAN-HIGH、CAN-LOW 之间有 60Ω 的电阻存在，所以 CAN-HIGH 的隐性电平相对 CAN-HIGH 会偏低大约 2V，为 9.72V。

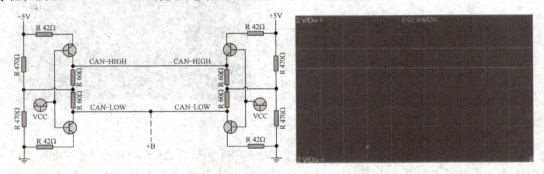

图 A-33　CAN 总线原理、故障及波形（从左侧单元端测得）

2) 当某侧单元发送信息时，CAN-LOW 始终为 +B。CAN-HIGH 的波形会在 9.72V（隐性电平）的基础上切换到 9.12V，相对正常的 3.5V 有明显的提高。

注意：观察此类波形时，主要看所有控制单元总线波形的隐性电平是否有一根信号线电压始终保持为 +B，而另外一根信号线为 10V，如果有，就说明 CAN 总线对 +B 短路。如果 CAN-HIGH 为 +B，CAN-LOW 为 10V，说明 CAN-HIGH 对 +B 短路。如果 CAN-LOW 为 +B，CAN-HIGH 为 10V，说明 CAN-LOW 对 +B 短路。

7. CAN-HIGH 对 +B 虚接的波形分析（图 A-34）

1) 与虚接电阻大小有关，电阻越大，对隐性电平的影响越小（2.5V ~ +B），电阻越大，隐性电平越靠近 2.5V，同时 CAN-HIGH 的隐性电平会略高于 CAN-LOW。试验电阻为 200Ω，CAN-HIGH 隐性电压为 6.5V，CAN-LOW 隐性电压为 5.7V。

2) 当某侧单元发送信息时，CAN-HIGH 波形在被提高的隐性电压（6.5V）和 4.5V 之间反向切换。同样，CAN-LOW 波形在被提高的隐性电压（5.7V）和 1.8V 之间正向切换。

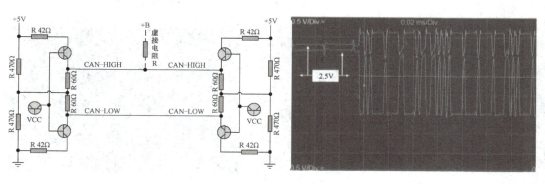

图 A-34 CAN 总线原理、故障及波形（从左侧单元端测得）

3）CAN – HIGH、CAN – LOW 显性电平的差值大于 2V，CAN 总线仍可以正常通信。

8. CAN – LOW 对 +B 虚接的波形分析（图 A-35）

1）与虚接电阻大小有关，电阻越大，对隐性电平的影响越小（2.5V ~ +B），电阻越大，隐性电平越靠近 2.5V，同时 CAN – LOW 的隐性电平会略高于 CAN – HIGH。试验电阻为 200Ω，CAN – LOW 隐性电压为 6.5V，CAN – HIGH 隐性电压为 5.7V。

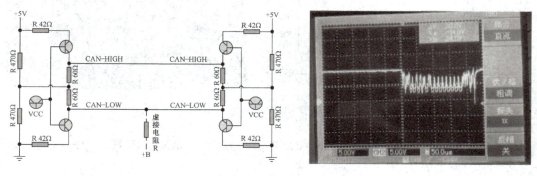

图 A-35 CAN 总线原理、故障及波形（从左侧单元端测得）

2）当某侧单元发送信息时，CAN – HIGH 波形在被提高的隐性电压（5.7V）和 3.96V 之间反向切换。同样，CAN – LOW 波形在被提高的隐性电压（6.5V）和 2.8V 之间正向切换。

注意：观察此类波形时，主要看所有控制单元总线波形的隐性电平是否同时明显大于 2.5V，如果有，就说明 CAN 总线存在对 +B 虚接。如果 CAN – HIGH 的隐性电平大于 CAN – LOW，说明 CAN – HIGH 对 +B 虚接。如果 CAN – LOW 的隐性电平大于 CAN – HIGH，说明 CAN – LOW 对 +B 虚接。

9. CAN – HIGH 对接地短路的波形分析（图 A-36）

1）因为 CAN – HIGH 对接地短路，所以 CAN – HIGH 的隐性电平变为 0V，而 CAN – LOW 的电压因为终端电阻的存在而比 CAN – HIGH 的隐性电平提高 0.5V。

2）当某侧单元发送信息时，CAN – HIGH 依然为 0V，CAN – LOW 相对隐性电平 0.5V 会更低一点，大约为 0.23V。

10. CAN – LOW 对地短路的波形分析（图 A-37）

1）因为 CAN – LOW 对接地短路，所以 CAN – LOW 的隐性电平变为 0V，而 CAN –

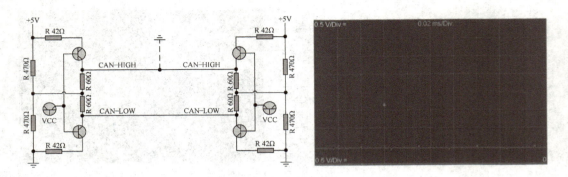

图 A-36 CAN 总线原理、故障及波形（从左侧单元端测得）

HIGH 的电压因为终端电阻的存在而比 CAN-LOW 的隐性电平提高 0.5V。

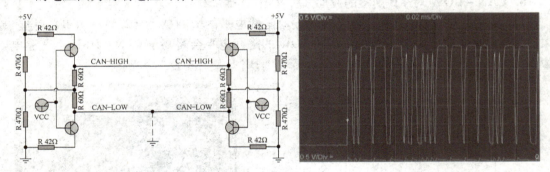

图 A-37 CAN 总线原理、故障及波形（从左侧单元端测得）

2）当某侧单元发送信息时，CAN-LOW 依然为 0V，CAN-HIGH 相对隐性电平 0.5V 会提高，大约为 2.96V。

注意：观察此类波形时，主要看所有控制单元总线波形的隐性电平是否有一根信号线电压始终保持为 0V，而另外一根信号线为 0.5V，如果有，就说明 CAN 总线对接地短路。如果 CAN-HIGH 为 0V，CAN-LOW 为 0.5V，说明 CAN-HIGH 对地短路。如果 CAN-LOW 为 0V，CAN-HIGH 为 0.5V，说明 CAN-LOW 对地短路。

11. CAN-HIGH 对地虚接的波形分析（图 A-38）

1）与虚接电阻大小有关，虚接电阻越小，对隐性电平的影响越大（0~2.5V），电阻越小，隐性电平越靠近 0V，因为 CAN-HIGH 对地虚接，所以 CAN-HIGH 的隐性电平性对 CAN-LOW 要低一些，这是因为终端电阻的存在；实验虚接电阻为 200Ω，CAN-HIGH 的隐性电平为 1.43V，CAN-LOW 的隐性电平为 1.65V。

2）当某侧单元发送信息时，因为晶体管导通，CAN-HIGH 波形在被拉低的隐性电平（1.43V）与 3.1V 之间切换，相对正常情况下的 3.5V 有所下降；同样 CAN-LOW 波形在被拉低的隐性电平（1.65V）与 1.31V 之间切换，相对正常的 1.5V 有所下降。

3）CAN-HIGH、CAN-LOW 显性电平的差值基本保持 2V，CAN 总线仍可以正常通信。

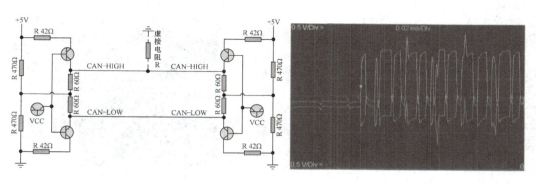

图 A-38　CAN 总线原理、故障及波形（从左侧单元端测得）

12. CAN – LOW 对地虚接的波形分析（图 A-39）

1）与虚接电阻大小有关，虚接电阻越小，对隐性电平的影响越大（0～2.5V），电阻越小，隐性电平越靠近 0V，因为 CAN – LOW 对地虚接，所以 CAN – LOW 的隐性电平性对 CAN – HIGH 要低一些，这是因为终端电阻的存在。试验虚接电阻为 200Ω，CAN – LOW 的隐性电平为 1.43V，CAN – HIGH 的隐性电平为 1.65V。

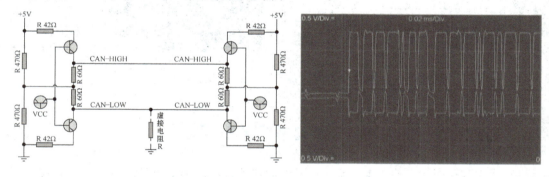

图 A-39　CAN 总线原理、故障及波形（从左侧单元端测得）

2）当某侧单元发送信息时，因为晶体管导通，CAN – HIGH 波形在被拉低的隐性电平（1.65V）与 3.43V 之间切换，相对正常情况下的 3.5V 有所下降。同样 CAN – LOW 波形在被拉低的隐性电平（1.43V）与 1.31V 之间切换，相对正常的 1.5V 有所下降。

3）CAN – HIGH、CAN – LOW 显性电平的差值基本保持 2V，CAN 总线仍可以正常通信。

注意：观察此类波形时，主要看所有控制单元总线波形的隐性电平是否同时明显小于 2.5V，如果有，就说明 CAN 总线存在对地虚接。如果 CAN – LOW 的隐性电平大于 CAN – HIGH，说明 CAN – HIGH 对地虚接。如果 CAN – HIGH 的隐性电平大于 CAN – LOW，说明 CAN – LOW 对地虚接。

13. CAN – HIGH、CAN – LOW 互短的波形分析（图 A-40）

不管是隐性还是显性，CAN – HIGH、CAN – LOW 的信号始终维持在 2.5V。

14. CAN – HIGH、CAN – LOW 通过电阻短路的波形分析（图 A-41）

隐性电压不会发生变化，但 CAN – HIGH 和 CAN – LOW 的显性电压之间的差值会因为虚接电阻而等幅值减小，电阻越大，两者之间的差值越接近 2V。

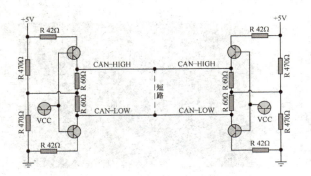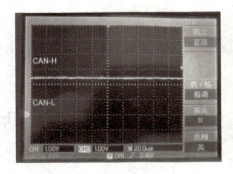

图 A-40　CAN 总线原理、故障及波形（从左侧单元端测得）

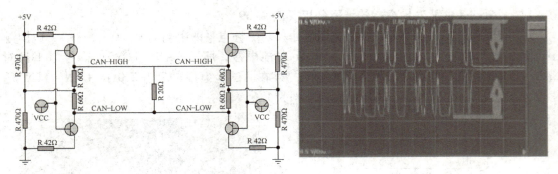

图 A-41　CAN 总线原理、故障及波形（从左侧单元端测得）

A3　如何书写诊断报告

汽修行业对高职学生的要求是基于所学专业知识，通过实验验证、剖析实际车辆的构造和控制策略，并由此制订各种故障的诊断流程（故障树），实施现场诊断，提出维修和车辆改进意见。特点是不特别强调车型维修经验和实际故障概率；目的是基于实际车辆系统原理及故障现象编写诊断流程，重点体现思路的完整性、系统性、合理性，体现汽车"医生"的价值；能基于原车的结构和控制策略编制故障树并实施诊断，而不仅仅采用特别直接的、具有直接导向的故障代码辅助诊断，正确认识故障代码、数据流等解码器功能存在的局限，避免故障代码对思路和所要考察知识和能力的干扰。

高职均要求学生书写诊断报告，以便更全面地考察学习是否掌握了应该掌握的知识和技能，同时为客观评价提供佐证。

在日常教学活动中，一般要求诊断报告应包含以下内容的一个或几个，见图 A-42，从中不难看出，中职更侧重于能借助故障代码和维修手册对简单故障进行诊断和排除，基本不需要太多分析的内容；而高职相对而言更注重学生全方位能力的考核，既要有一定的实践动手能力，也要有较强的理论基础和分析问题、解决实际问题的能力。

诊断报告的作用主要体现在以下 2 个方面：

1）通过诊断报告的整理，可以进一步梳理整个思维和作业过程，完善细节，为日常教学提供宝贵的资源，真正使日常教学和实际工作紧密结合起来。

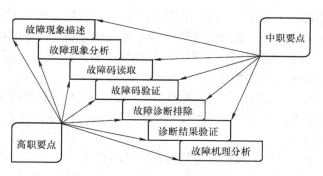

图 A-42　中高职报告内容要求

2）借助诊断报告，可以还原学生的作业过程，以便作出客观准确的裁判，所以报告格式的设计要便于学生展现自己的思路。

那如何写好一份报告呢，主要需要注意以下 4 个细节。

1. 故障现象描述

通过描述故障现象可以重点考察学生对车辆结构和工作原理的理解程度；可以考察学生会不会借用专业知识，根据客户主诉的故障，对车辆进行有效的功能检查，而这些有效的检查可以尽快确定故障部位和故障性质，为诊断提供更多的数据支撑。

在描述故障现象时，要注意每段话、每句话之间的逻辑性，一种方法是按照操作过程，用流水账的方式记录与故障相关的检查内容和结果；另一种方法是前记录主要故障，再记录次要故障，最后写出对诊断有利的正常的检查内容和结果。

2. 故障现象分析

重点考察学生对车辆控制策略的理解和逻辑思维能力，在一般情况下，学生应可以结合检测结果确定故障的部位和性质。分析时要首先抓住主要故障现象，参考与故障现象有关的系统结构和工作原理，写出导致故障出现的控制流程；然后结合其他检测结果，排除上述控制流程中的某些区间，最后确定故障成因；在有些情况下故障现象之间存在因果关系或前后时序，则重点分析因或者最早发生的事件；在有些情况下各个故障点彼此独立，没有因果关系或前后时序，则可以把每个故障现象的控制流程写出来，通过比较找寻其中重叠的部分展开诊断。

3. 诊断过程

（1）故障代码读取

有些故障现象通过分析就可以确定故障部位和性质，此时读码就是为了验证分析过程或者进一步缩小故障范围；有些故障现象通过人为分析可能无法确定故障部位和性质，因为范围太大、成因很多，或者故障属于偶发故障，实验时无法确认故障是否一定存在，所以只能借用车辆自诊断程序予以协助。

在利用故障代码进行诊断时，通常会遇到以下 3 种情况：

1）解码器无法进入目标控制单元，说明这个单元不具备通信条件，要结合通信原理进行诊断。要注意是只有目标控制单元不能进入，还有别的也进不去，是所有都进不去，还是个别几个进不去，不同的情况说明不同的故障范围。

2）解码器可以进入目标控制单元，但没有故障代码。没有代码并不意味着就没有故障，可能是在清除故障代码后进行故障工况模拟时，故障代码还没有生成，因此一方面要注意仔细分析初次读取存在、而二次读取不存在的故障代码是否与现象有关；另外一方面也要注意检测条件是否有利于故障代码的生成。如果确实没有故障记忆，则只能根据故障现象，结合系统结构和工作原理进行诊断了。

3）解码器可以进入目标控制单元，有故障代码，此时要注意是历史还是当前，是相关还是无关，如果是当前的，并且是相关的，那就要根据故障代码的定义开始进行诊断。

（2）故障代码验证

1）验证的必要性，现在车辆各系统都拥有自诊断功能，要知道故障代码是基于自诊断逻辑人为编辑出来的，实际上是一种经验，未必是对的，未必是所有故障都可以有故障代码，只有理解代码生成的含义才可以进行正确验证，否则还可能会影响诊断的思路。

2）用什么数据进行验证。一种高效的方法就是利用数据流或执行元件诊断功能进行验证，确定故障范围和性质；另一种就是利用在线式测量方法进行验证。两种方法各有利弊，需根据实际情况确定。

（3）故障诊断排除

常用故障诊断思路：在什么工况条件下，用什么仪器对哪些参数进行测量，在正常情况下，这些参数的标准值应该为多少，而实测结果是多少，两者比较得出结论。如果正常，和上一步测试结果进行比较，会推断出什么样的故障部位和故障性质，然后进行验证；如果异常，则推导出造成结果异常的原因有哪些（注意故障层级不能混乱），然后根据这些可能性分析出下一步的测试点。如果测试点根据故障树分析法有所跳跃或迁移，则给出必要的思路说明。

注意：

1）学生的整体思路是否清晰、合理。

2）选择正确的测试条件和测试设备至关重要，测试条件不正确可能会错过故障信息，测试设备不正确，可能无法还原信号本质，进而可能忽略某些故障信息。

3）正确理解波形代表的含义，快速、准确发现故障部位和故障性质。

4）分析时，不能根据检测结果反推故障可能，注意充分必要条件。

5）注意相关要求，避免文不对题。

6）排除故障的过程就是逐渐缩小故障范围的过程。

7）原则上不使用排除法，而是追寻异常指引。

8）正常的测试数据未必代表正常的结果，不正常一定代表某种错误。

9）正确理解故障树的诊断方法，竞赛时为什么强调不用电阻法。

10）诊断过程的最后一句话怎么写？

（4）诊断结果验证

验证的目的是为了确定之前的诊断是否正确，要注意以下5个问题：

1）诊断过程中基本采用电压法进行，最后用电阻法进行验证。

2）对于电路断路故障，一般需要诊断出断路区间和性质。

3）对于电路短路故障，诊断出故障性质即可。

4）对于元器件故障，能进行单件测试的一定要测试。

5）有些验证在实际工作中时较难实现，但也要有做的意识。

4. 故障机理分析

机理分析相当于病理分析,要搞清楚发现的故障点、故障性质以及为什么会导致故障现象的出现,分析清楚故障的原因是个性还是共性,是设计、制造层面还是应用层面的故障,为汽车设计、制造和使用提供最有价值的信息,书写的时候要注意下列 2 点:

1)有几个故障点,就需要写出几个分析过程。

2)应该写出每个故障点为什么会导致前面描述的故障现象,不管是正常的还是异常的现象都要写出来。

为了提高教学效果,建议采用以下思路进行理实一体化教学:

1)结合电路图,基本了解系统的结构和工作原理。

2)分析每个系统可设的故障点和故障性质。

3)凭借对车辆的理解,推断每个故障点对应的现象。

4)实验验证凭空推断是否正确。

5)分析检测结果,反推原车控制逻辑。

6)制订针对每个故障点的诊断流程。

7)汇总系统可能出现的故障现象。

8)汇总可能出现的故障点组合。

9)制订不同故障点组合后的整体诊断思路。

10)编写诊断报告。